Cargos, carreiras e remuneração

Central de Qualidade — FGV Management
ouvidoria@fgv.br

PUBLICAÇÕES
FGV Management

SÉRIE GESTÃO DE PESSOAS

Cargos, carreiras e remuneração

2ª edição

Iêda Maria Vecchioni Carvalho
Denise Lustri
Jorge L. Cunha da Rocha
Maria Zélia de Almeida Souza

FGV management

FGV EDITORA

Direitos desta edição reservados à
EDITORA FGV
Rua Jornalista Orlando Dantas, 37
22231-010 — Rio de Janeiro, RJ — Brasil
Tels.: 0800-021-7777 — 21-3799-4427
Fax: 21-3799-4430
e-mail: editora@fgv.br — pedidoseditora@fgv.br
www.fgv.br/editora

Impresso no Brasil/*Printed in Brazil*

1ª edição — 2005
1ª reimpressão — 2006; 2ª e 3ª reimpressões — 2007;
4ª e 5ª reimpressões — 2008
2ª edição — 2011
1ª reimpressão — 2011; 2ª reimpressão — 2012;
3ª reimpressão — 2013; 4ª e 5ª reimpressões — 2014.

Preparação de originais: Mariflor Rocha
Editoração eletrônica: FA Editoração Eletrônica
Revisão: Sandra Maciel Frank e Tathyana Viana
Capa: aspecto:design
Ilustração de capa: André Bethlem

Carvalho, Iêda Maria Vecchioni
Cargos, carreiras e remuneração / Iêda Maria Vecchioni Carvalho... [et al.]. — 2. ed. — Rio de Janeiro: Editora FGV, 2011.
160 p. — (Gestão de pessoas (FGV Management))

Em colaboração com Denise Lustri, Jorge L. Cunha da Rocha, Maria Zélia de Almeida Souza.
Publicações FGV Management.
Inclui bibliografia.
ISBN: 978-85-225-0863-1

1. Salários. 2. Avaliação de cargos. 3. Carreiras e oportunidades. I. Lustri, Denise. II. Rocha, Jorge L. Cunha da. III. Souza, Maria Zélia de Almeida. IV. FGV Management. V. Fundação Getulio Vargas. VI. Título. VII. Série.

CDD — 658.3125

Aos nossos alunos e aos nossos colegas docentes,
que nos levam a pensar e a aperfeiçoar nossas práticas.

Sumário

Apresentação

Este livro compõe as Publicações FGV Management, programa de educação continuada da Fundação Getulio Vargas (FGV).

Instituição de direito privado com mais de meio século de existência, a FGV vem gerando conhecimento por meio da pesquisa, transmitindo informações e formando habilidades por meio da educação, prestando assistência técnica às organizações e contribuindo para um Brasil sustentável e competitivo no cenário internacional.

A estrutura acadêmica da FGV é composta por oito escolas e institutos: a Escola Brasileira de Administração Pública e de Empresas (Ebape), dirigida pelo professor Flavio Carvalho de Vasconcelos; a Escola de Administração de Empresas de São Paulo (Eaesp), dirigida pela professora Maria Tereza Leme Fleury; a Escola de Pós-Graduação em Economia (EPGE), dirigida pelo professor Rubens Penha Cysne; o Centro de Pesquisa e Documentação de História Contemporânea do Brasil (Cpdoc), dirigido pelo professor Celso Castro; a Escola de Direito de São Paulo (Direito GV), dirigida pelo professor Ary Oswaldo

Mattos Filho; a Escola de Direito do Rio de Janeiro (Direito Rio), dirigida pelo professor Joaquim Falcão; a Escola de Economia de São Paulo (Eesp), dirigida pelo professor Yoshiaki Nakano; o Instituto Brasileiro de Economia (Ibre), dirigido pelo professor Luiz Guilherme Schymura de Oliveira. São diversas unidades com a marca FGV, trabalhando com a mesma filosofia: gerar e disseminar o conhecimento pelo país.

Dentro de suas áreas específicas de conhecimento, cada escola é responsável pela criação e elaboração dos cursos oferecidos pelo Instituto de Desenvolvimento Educacional (IDE), criado em 2003 com o objetivo de coordenar e gerenciar uma rede de distribuição única para os produtos e serviços educacionais da FGV, por meio de suas escolas. Dirigido pelo professor Clovis de Faro e contando com a direção acadêmica do professor Carlos Osmar Bertero, o IDE engloba o programa FGV Management e sua rede conveniada, distribuída em todo o país (ver www.fgv.br/fgvmanagement), o programa de ensino a distância FGV Online (ver www.fgv.br/fgvonline), a Central de Qualidade e Inteligência de Negócios e o Programa de Cursos Corporativos In Company. Por meio de seus programas, o IDE desenvolve soluções em educação presencial e a distância e em treinamento corporativo customizado, prestando apoio efetivo à rede FGV, de acordo com os padrões de excelência da instituição.

Este livro representa mais um esforço da FGV em socializar seu aprendizado e suas conquistas. Ele é escrito por professores do FGV Management, profissionais de reconhecida competência acadêmica e prática, o que torna possível atender às demandas do mercado, tendo como suporte sólida fundamentação teórica.

A FGV espera, com mais essa iniciativa, oferecer a estudantes, gestores, técnicos — a todos, enfim, que têm internalizado o conceito de educação continuada, tão relevante nesta era do conhecimento — insumos que, agregados às suas práticas, possam contribuir para sua especialização, atualização e aperfeiçoamento.

Clovis de Faro
Diretor do Instituto de Desenvolvimento Educacional

Ricardo Spinelli de Carvalho
Diretor Executivo do FGV Management

Sylvia Constant Vergara
Coordenadora das Publicações FGV Management

Introdução

Este livro apresenta os principais conceitos, técnicas e práticas que compõem as questões sobre cargos, carreiras e remuneração nas organizações, considerando-se nesse contexto toda a evolução pertinente a esses aspectos, assim como alguns pontos de discussão a serem avaliados e repensados no cenário que observamos viver em constante evolução e turbulência.

O livro destina-se não só a estudantes, mas também a profissionais da área e gestores que integram em suas responsabilidades a capacidade de manter suas organizações produtivas e suas equipes motivadas.

Considerando-se que o mundo atual, como todos sabem, vem passando por profundas transformações políticas, econômicas, sociais e tecnológicas, entendemos como essencial a compreensão sobre o quanto essas mudanças vêm afetando o conceito tradicional de trabalho e produtividade.

A evolução acelerada da tecnologia, bem como a conscientização das pessoas, que tornam-se cada vez mais exigentes e conhecedoras de seus direitos, fazem com que as organizações também busquem acertar os seus passos.

Nesse contexto, podemos perceber a importância de técnicas mais modernas e, principalmente, de seres humanos mais comprometidos. São eles que impõem o ritmo e a qualidade desejada para que os caminhos a serem trilhados levem, efetivamente, ao alcance do objetivo final da organização.

Levando-se em conta essas premissas, torna-se necessário entender alguns aspectos ou fatores primordiais que constituem a base para a administração adequada das equipes que integram as organizações, assim como identificar e desenvolver novas possibilidades que levarão as empresas ao ponto ideal.

Visando atender a essas necessidades, este livro está dividido em cinco capítulos. O capítulo 1 oferece um quadro de referência geral que favorece a compreensão dos efeitos das transformações socioeconômicas contemporâneas sobre a gestão de pessoas, em especial sobre as formas de recompensá-las.

O capítulo 2 traz uma análise do modelo tradicional baseado em cargos no contexto atual, mais complexo e competitivo, e apresenta novas tendências. Discute também o posicionamento do sistema de remuneração na dinâmica organizacional, bem como suas relações de interdependência com os demais sistemas da organização, com uma abordagem voltada para sistemas e processos.

No capítulo 3 são demonstradas as principais práticas e as novas tendências adotadas pelas empresas no que se refere à composição e delineamento de suas estruturas organizacionais, cargos e carreiras, tendo por base o mapeamento de perfis de competências, considerando-se suas configurações, direcionadores e objetivos estratégicos.

O capítulo 4 apresenta, além das considerações técnicas de um sistema de remuneração, as principais práticas de mercado, sugerindo assim, ao leitor, uma visão atualizada dos modelos de remuneração estratégica focados em aspectos financeiros e não financeiros que objetivam a captação e a retenção dos talentos de uma organização.

O capítulo 5, por fim, ressalta ainda a importância das pesquisas salariais, bem como sua composição técnica e processual, apresentando ao leitor as principais etapas de uma pesquisa.

Na conclusão está a consolidação dos assuntos abordados nesta obra.

1

Contextualizando a remuneração no espaço organizacional

A escolha do sistema de remuneração mais adequado à realidade organizacional não é tarefa simples. Exige não somente o conhecimento da técnica, mas também a atenção e a observação de outros aspectos, mais sutis porém igualmente relevantes, como a cultura e o momento organizacional, entre outros fatores.

Nosso objetivo é compartilhar reflexões que julgamos importantes para todos que se defrontam com os desafios relativos à questão de modelagens de sistemas de remuneração, em especial o atual contexto de negócios e seus impactos no ambiente organizacional, na gestão de pessoas e nas possíveis formas de remuneração do trabalho.

Gostaríamos, ainda, de enfatizar que estamos utilizando o termo "sistemas de remuneração" em sentido amplo, ou seja, abordando não apenas a questão salarial, mas toda a concepção que dá suporte aos modelos de cargos/competências, carreiras e remuneração propriamente dita.

O contexto organizacional: o que mudou a partir dos anos 1970?

O desenvolvimento e a gestão de qualquer sistema de remuneração são complexos. Além de despertar o interesse de todos na organização, podem ser instrumento de motivação ou de insatisfação, na medida em que um sistema maldelineado acarreta problemas e cria obstáculos à dinâmica organizacional.

As constatações empíricas têm demonstrado que o sucesso de um sistema de remuneração reside, principalmente, na habilidade de projetar e gerir recompensas, de forma a dar suporte às demandas organizacionais. Portanto, necessitam estar alinhadas não apenas aos valores e à história da organização, como também à estratégia e à arquitetura organizacional. Essa condição, aparentemente singela, quando não observada tem originado insucessos que entravam o bom funcionamento da organização, gerando perda de produtividade.

Tradicionalmente, a gestão da remuneração buscou desenvolver sistemas de aplicação geral, produto do modelo taylorista-fordista da organização, da produção e do trabalho.

Mais recentemente, face aos impactos do processo denominado de reestruturação produtiva, a modelagem dos sistemas de remuneração abre mão de critérios calcados em abordagens mecanicistas em favor de um novo tipo de racionalização, no qual o trabalhador passa a ser o agente do processo produtivo. A partir do final dos anos 1960, o chamado modelo taylorista-fordista entra em crise. Com efeito, a norma salarial dele decorrente, até então predominante, também começa a dar sinais de esgotamento.

Vários estudiosos têm se preocupado com a questão da norma salarial. Hirata e colegas (1991) apresentam em *Alternativas sueca, italiana e japonesa ao paradigma fordista: elementos para uma discussão sobre o caso brasileiro*, de forma concisa e lúcida, o que Boyer denominou "círculo virtuoso do fordismo" — ou seja, como se estruturava a relação capital-trabalho no modelo de produção baseado na organização racional do trabalho que vigorou, inconteste, até 1970.

A partir do início dos anos 1970, uma nova forma de organização do trabalho começa a ser delineada, inspirada no modelo de produção japonês, impondo alterações nas premissas do modelo até então vigente. Emerge um novo tipo de racionalização do uso do trabalho, que passa a valorizar aquele em equipe, o autogerenciamento em detrimento da superespecialização do trabalhador. Seguem-se profundas mudanças na forma de recompensar financeiramente o trabalho. Esse novo contexto favorece a emergência de novas formas de recompensas. Como assinala Abreu (2006:13), "o sistema remuneratório explicita o conceito de trabalho que é 'ideologicamente' prevalecente na organização". Mais adiante o autor destaca que, por ser uma questão de grande relevância para cada uma das pessoas que trabalham, é indispensável aos gestores, aos líderes de pessoas e de equipes, conhecerem, em profundidade, a filosofia que lhe está subjacente.

O fato é que o mercado, a tecnologia e as pessoas mudaram. O final do século XX foi marcado por uma enxurrada de textos cuja palavra-chave foi "mudança". Todos apontavam para a necessidade de se estar preparado para fazer frente aos desafios impostos pelo ambiente turbulento, tais como: as inovações tecnológicas em ritmo acelerado, o crescente nível de exigências dos consumidores, a concorrência acirrada, entre outros. Apresentaremos a seguir três perspectivas que buscam refletir sobre o impacto dessas mudanças sobre o contexto do mundo corporativo.

A primeira perspectiva aponta para o modelo japonês de produção, também denominado de produção enxuta (*lean production*), com altos índices de produtividade e rentabilidade, como causa das profundas alterações no contexto dos negócios, portanto, no mundo do trabalho. Esse é o tema do livro *A máquina que mudou o mundo*, de Womack e colegas (1992). Seus autores, baseados em estudos realizados pelo Massachusetts Institute of Technology, enaltecem o modelo japonês de produção na década de 1970. Um terceiro polo capitalista emerge na Ásia, e o sucesso de seus produtos é incontestável, na medida em que penetram maciçamente no mercado americano. A "empresa enxuta", inspirada na expressão "produção enxuta", começa a ser delineada, incorporando princípios organizacionais, como o *just-in-time*, a qualidade total, o processo de melhorias contínuas e as equipes autônomas.

Observa-se, a partir de então, um amplo processo de reestruturação produtiva. O fato é que uma nova lógica organizacional começa a ser delineada. Mudanças tecnológicas e organizacionais passam a dar contornos a um novo paradigma, o da flexibilidade produtiva, substituindo a economia de escala pela economia de escopo. As empresas, premidas pelo acirramento da competição, redesenham seus processos, estruturas e estilo de gerenciamento. Wood Jr. e colegas (1995) analisaram esse processo de mudança organizacional, categorizando-o em três grupos, como apresentado no quadro 1.

A segunda perspectiva valoriza prioritariamente as questões relacionadas a transformações no contexto socioeconômico. Um dos principais autores dessa corrente é Chesnais (1996), especialista em economia e inovação tecnológica. Conhecido por denominar de mundialização o que muitos chamam de globalização, Chesnais analisa como se imprimiu uma lógica financeira ao capital investido nos setores de manufatura e de serviços, de modo a torná-los mais competitivos. Dito de outro modo, o autor busca entender a influência dos mercados financeiros nas estruturas de governança das empresas, ou seja, como os processos de negócios estão sendo impactados por parâmetros financeiros advindos do mercado de capitais.

Quadro 1

Tendências declinantes e ascendentes

	Tendências declinantes	Tendências ascendentes
Características do trabalho	Reprodutividade Divisão rígida das tarefas Experiência anterior Taylorismo Liderança autoritária	Criatividade Flexibilidade Interfaces nebulosas Multiespecialização Aprendizado contínuo Liderança representativa
Estruturas organizacionais	Hierarquia vertical Centralização Perenidade Aglutinação de funções	Redução de níveis hierárquicos Descentralização e autonomia Instabilidade como fator de evolução Terceirização
Características da gestão empresarial	Foco na produção Teorias quantitativas Distância capital-trabalho	Foco na gestão da informação e conhecimento Visão comum, identidade e valores compartilhados Foco nos recursos humanos Colaboração, participação nos lucros

Fonte: Adaptado de Wood Jr. e colegas (1995:224).

O processo de financeirização é complexo e questionado por muitos pensadores, entre eles Chesnais. O entendimento de suas consequências, porém, é de extrema relevância para aqueles que trabalham com a definição e a avaliação de resultados em termos de recompensas financeiras. A tensão gerada pela escolha de estratégias visando à manutenção de vantagem competitiva passa necessariamente pelo crescente impacto da lógica do mercado de capitais nas estruturas de governança das empresas e, consequentemente, na definição de indicadores de desempenho e nos sistemas de recompensas financeiras.

Finalmente, a terceira perspectiva teórica busca na revolução tecnológica a chave para a compreensão das transformações do mundo no século XXI. Castells, em seu livro *A sociedade em rede* (2000), afirma que a característica da presente revolução nas sociedades, por ele denominadas de conexionistas, "não é a centralidade do conhecimento e informação". Segundo o autor o motor das revoluções, desde a primeira Revolução Industrial no século XVIII, apesar de não se basear em ciência, foi apoiado em um amplo uso de informações, aplicando e desenvolvendo os conhecimentos preexistentes. Daí Castells (2000:51) acentuar que a principal característica da atual revolução tecnológica é a aplicação do conhecimento e da informação "para a geração de conhecimento e de dispositivos de processamento/comunicação da informação, em um ciclo de realimentação cumulativo entre inovação e uso".

Interessante observar que, nesse processo de realimentação cumulativa entre informação e uso, como bem assinala o autor, é a primeira vez na história da humanidade que o ser humano é uma força direta da produção. Assim, ele enfatiza que "computadores, sistemas de comunicação, decodificação e programação genética são todos amplificadores e extensões da mente humana" (Castells, 2000:51). A ideia explicitada em Castells é a base que dá suporte às práticas alinhadas ao discurso gerencial contemporâneo, ou seja, a valorização do capital humano como um dos elementos-chave para a consecução de vantagem competitiva. Se, por um lado, o elemento humano é trazido ao centro das decisões corporativas, por outro, lhe é cada vez mais atribuída a responsabilidade pela autogestão e, em consequência, muitos postulados da gestão de pessoas nas organizações tiveram que ser revistos.

A contribuição do elemento humano no espaço organizacional, pouco relevante no modelo taylorista-fordista, ganha ênfase a partir dos anos 1970. A dimensão humana começa a ser contemplada e trabalhada, em termos de indicadores de desempenho empresarial, principalmente após os trabalhos desenvolvidos por Kaplan e Norton, e publicados em *A estratégia em ação* (1997). Os autores chamaram a atenção para o fato de que medidas apenas baseadas em dados financeiros estavam sendo incapazes de gerar valor econômico para o futuro das corporações, uma vez que elas não contemplam um mapeamento balanceado dos problemas que afetam o desempenho organizacional. Assim é que a performance empresarial começa a ser mensurada por empresas consideradas de alta performance sob quatro perspectivas: a financeira, a do cliente, a dos processos internos e a do aprendizado e crescimento. Além disso, tal decisão propicia o alinhamento do desempenho humano ao organizacional, conforme destacam Souza e colegas (2009).

A seguir, abordamos como as corporações, visando responder com eficácia ao contexto de mudanças, repensam suas formas de competição, assim como o papel do elemento humano e as formas de recompensá-lo.

O desafio da competitividade e a lógica da remuneração

A definição de competitividade não é uma tarefa difícil. Diversos estudiosos do tema já o fizeram. A dificuldade reside em operacionalizar o conceito no cotidiano empresarial. Não basta reconhecer o que Porter (1989:2) afirma:

> A vantagem competitiva surge fundamentalmente do valor que uma empresa consegue criar para seus compradores e que ultrapassa o custo de fabricação pela empresa. O valor é aquilo que os compradores estão dispostos a pagar, e o valor superior provém da oferta de preços mais baixos do que os da concorrência por benefícios equivalentes ou do fornecimento de benefícios singulares que mais do que compensam um preço mais alto.

O desafio das empresas que atuam num ambiente marcado pelas três perspectivas anteriormente assinaladas, é, sem dúvida, a criação de mecanismos que buscam a excelência de resultados de forma sustentável. Estudando essa questão, Hamel e Prahalad (1995:10) afirmam:

> Não nos interpretem mal. Não temos nada contra a eficiência e a produtividade. Acreditamos, e defendemos energicamente, que uma empresa precisa não só chegar primeiro ao futuro, mas precisa chegar lá gastando menos. Contudo, há mais de um caminho para melhorar a produtividade. Assim como as empresas que cortam o denominador e mantêm o faturamento, as empresas bem-sucedidas que conseguem aumentar seu fluxo de receita com base em um crescimento mais lento ou capital constante e em uma base de empregos, também aumentaram seus ganhos de produtividade. Embora às vezes a primeira abordagem possa ser necessária, acreditamos que a segunda normalmente é a mais desejável.

Como se pode observar, Hamel e Prahalad propõem uma expansão do conceito. Os autores defendem a necessidade de a empresa ser capaz de ser proativa, de se transformar por meio de um olhar voltado para fora, de ser uma referência nova para seus *stakeholders*, de ser capaz de "reinventar seu setor".

Continuam, Hamel e Prahalad (1995:22):

> Ironicamente, as dimensões da tarefa de transformação organizacional enfrentadas pela maioria das empresas foram definidas pelas novas empresas que mudaram as regras do jogo, mais do que pela capacidade de previsão dos próprios líderes. A incapacidade de reinventar seus setores há dez ou vinte anos e a ausência, até hoje, de uma visão única de para onde elas desejam levar o setor não deixou às líderes outra alternativa exceto

> transformar-se em imitações baratas dos intrusos do setor. Em suma, para a maioria das empresas, a agenda da transformação organizacional é reativa, e não proativa.
>
> A administração bem-sucedida da tarefa de transformação organizacional é capaz de enxergar e dinamizar a empresa, mas não é capaz de transformá-la em líder do setor. E, embora ser um seguidor rápido seja melhor do que ser um seguidor lento, nenhuma dessas opções é uma receita para um extraordinário crescimento e lucratividade. Para ser líder, uma empresa precisa assumir o processo de transformação do setor.

Nessa linha de raciocínio, os autores advogam a necessidade da presença de quatro elementos:

> [...] compreensão de que a competição pelo futuro é uma competição diferente; um processo de descobertas e percepção das oportunidades; habilidade de energizar a empresa de cima para baixo para o que pode ser uma longa e árdua jornada em direção ao futuro e capacidade de superar os concorrentes e chegar primeiro ao futuro, sem correr riscos desmedidos (p. 26).

É nesse contexto que Hamel e Prahalad introduzem o conceito de competências essenciais.

Para os autores, as competências essenciais são as habilidades que permitem à empresa oferecer um benefício fundamental ao cliente. Como enfatizam:

> Evidentemente, não há nada de tão inovador na proposição de que as empresas competem pela capacidade. A sutileza surge quando se tenta diferenciar as competências, ou capacidades "essenciais" das competências ou capacidades "não essenciais" da organização (Hamel e Prahalad, 1995:235).

E continuam suas reflexões sobre a questão:

> Uma competência específica de uma organização representa a soma do aprendizado de todos os conjuntos de habilidades tanto em nível pessoal quanto de unidade organizacional. Portanto, é muito pouco provável que uma competência essencial se baseie inteiramente em um único indivíduo ou em uma pequena equipe (p. 234).

Hamel e Prahalad (1995) chamam a atenção para a importância da visão holística da organização, da valorização da energia emocional e intelectual de cada empregado da empresa. Diversas passagens de *Competindo pelo futuro* denotam essas orientações, importantes para aqueles interessados em gerenciar efetivamente pessoas e equipes, especialmente em administrar sistemas de recompensas financeiras. Dizem eles:

> Não é o dinheiro o combustível da viagem para o futuro, e sim a energia emocional e intelectual de cada funcionário (p. 147).
> Uma empresa deve ser vista não apenas como um portfólio de produtos ou serviços, mas também como um portfólio de competências (p. 257).
> As competências essenciais são a alma da empresa e, como tal, precisam ser parte integrante do processo administrativo como um todo. Quando apenas a comunidade técnica se sente dona do processo, a utilização do conceito de desenvolvimento de novos negócios fica ameaçada. Com muita frequência, o conceito de competência essencial é desviado pela comunidade técnica em busca de prestígio e recursos (p. 262).
> [...] o domínio técnico e científico em cores, tintas, corantes, substratos, revestimentos, tratamento de papel e uma variedade desses elementos ou habilidades distintas aumenta a competência específica em imagens químicas da Eastman Kodak. É importante que essas habilidades distintas sejam identificadas e que se desenvolva um inventário das pessoas que possuem essas habilidades (p. 263).

Como se observa, o elemento humano é alvo de atenção dos autores. Eles consideram que a empresa é um "reservatório de experiências" vivenciadas por seus funcionários. Cabe à empresa desenvolver instrumentos gerenciais capazes de extrair conhecimento dessas vivências.

Em síntese, para Hamel e Prahalad a competitividade empresarial está associada à possibilidade de a empresa transformar-se, mas também de transformar o setor onde atua, criando desse modo novas referências para seus clientes, fornecedores e concorrentes. Interessante ressaltar que ao oferecerem uma nova abordagem sobre o pensar o futuro, os autores o fazem chamando, de forma assertiva, a atenção para a questão do elemento humano, como portador de competências indispensáveis à construção desse futuro.

Concordamos com essa linha de pensamento. A abertura de portas para as "oportunidades futuras" só se concretizará se os envolvidos com a concepção e gerenciamento de sistemas de remuneração estiverem atentos ao desenvolvimento de alternativas efetivas para o alinhamento de desempenhos humanos aos desempenhos corporativos, como será desenvolvido nos capítulos subsequentes.

Partimos de premissa de que a concepção de modelos de recompensas pode favorecer ou não o alinhamento de ações capazes de gerar uma força de trabalho altamente comprometida. Essa é a estratégia mais eficaz para garantir excelência de desempenho. Nesse sentido, convidamos você, leitor, a duas reflexões. A primeira traz a questão do ser humano como uma fonte de vantagem competitiva, ao gerar resultados, por meio do trabalho, para a organização. A segunda tem seu foco na análise da relação entre as estratégias empresariais e a forma de recompensas financeiras.

O ser humano e a produção em nível de excelência

O ser humano pode ser ou não um produtor de resultados excelentes. Cada ser humano na organização, seja qual for a sua posição hierárquica, pode desenvolver suas atividades com maior eficácia e efetividade se, de fato, estiver envolvido e sentir-se responsável e participante na equipe na qual atua.

O desafio para as organizações consiste, portanto, em projetar sistemas de recompensas que, ao mesmo tempo, motivem o desempenho de alto nível sem tornar os custos proibitivos. Tradicionalmente, a fórmula para se ter capacidade competitiva passava pelo estudo de movimentos e tempos, tratando de determinar uma única forma correta de executar uma dada atividade. Essa concepção taylorista para aumentar a produtividade empresarial mostrou-se adequada a uma situação específica, em que as organizações e as suas funções caracterizam-se por serem pouco mutantes. Uma vez definida a estrutura organizacional (funcional), os profissionais de gestão de pessoas analisam os conteúdos dos cargos e determinam seu valor interno relativo. Todo o século XX, no tocante aos sistemas de recompensas financeiras, foi dominado por esse conceito, como veremos no capítulo 2. Tal sistema de remuneração visava controlar custos de salários. Proporcionar incentivos financeiros aos funcionários constituía um objetivo secundário. No entanto, havia um compromisso de pagamento por mérito. Na prática, contudo, os empregados — bons ou medíocres — recebiam o mesmo aumento de salário; uns por mérito, outros por "tempo de casa". Isso acarretou o fracasso na introdução de sistemas de pagamento por mérito que ocasionassem impacto monetário significativo, na medida em que todos os funcionários tinham por líquido e certo o direito ao recebimento de um aumento salarial anual.

A necessidade de desenvolver programas mais efetivos foi acionada pela recessão do início dos anos 1990. As empresas passaram a reestruturar seus processos de trabalho, assim como suas relações sociais, constituindo um novo sistema sociotécnico, distinto daquele que deu origem aos sistemas tradicionais de recompensas. O novo sistema é marcado pela busca do envolvimento do trabalhador e pelo estímulo ao desenvolvimento de novas competências. Assim, uma nova lógica começa a ser forjada no mundo dos negócios, que privilegia a capacidade de satisfazer clientes cada vez mais exigentes, de operar em mercados onde há inúmeras oportunidades, mas também muitas incertezas, com margens de lucros menores e às vezes decrescentes. Enfim, um mercado onde não basta fazer as coisas de forma correta, não basta seguir o preestabelecido. Para ser bem-sucedido é imprescindível ir além, ser proativo e, principalmente, ser empreendedor. Em síntese, as corporações tiveram que desenvolver um processo de mudança. Mudança em suas crenças e valores. Mudança de cultura.

O entendimento da cultura organizacional favorece a escolha do sistema de remuneração mais adequada ao modelo de gestão de uma organização específica.

Os modelos gerenciais têm funções específicas para as empresas e seus gestores. Eles funcionam como guias para as suas decisões. Zilbovicius (1999:26) destaca, ao analisar essa questão: "o modelo opera, assim, de acordo com dois significados da própria palavra 'modelo': representação articulada do real e referência positiva a ser atingida".

E mais adiante o autor acrescenta:

> [...] eles [os modelos] interconectam logicamente as práticas e permitem que os tomadores de decisão operem com uma dada lógica, oferecida pelo modelo. As condições ambientais, gerais e locais, farão com que cada empresa implemente práticas diversas ou específicas, porém sempre referentes a um dado modelo (p. 45).

Nessas acepções é que o termo (modelo) está sendo utilizado.

Cultura organizacional: um conceito-chave na modelagem de sistemas de remuneração

O entendimento das novas crenças e dos valores que orientam as práticas organizacionais, além de ser um ponto de referência, possibilita a criação de planos capazes de viabilizar de forma efetiva a construção do futuro almejado.

Cultura, em termos da literatura de negócios, segundo Barbosa (2002), é um conceito que destaca a importância da esfera simbólica do mundo organizacional, valores e crenças que afetam o comportamento das pessoas no seu desempenho econômico e nos processos de mudança.

Existem diversas construções teóricas que representam perspectivas distintas a respeito da cultura organizacional. Selecionamos duas abordagens para tratar do tema. A primeira trabalha a questão sob o enfoque dos valores e crenças mais ligados ao ambiente social. A segunda busca entender a questão sob a ótica do ambiente técnico, ou seja, da organização do trabalho. Não existe incompatibilidade, mas complementação entre ambas as perspectivas. Acreditamos que as duas possibilitam melhor entendimento da relação entre as formas de organização do trabalho e os sistemas de remuneração. A primeira abordagem é a de Charles Handy (2000), inspirada em Roger Harrison, e a segunda é a de Flannery e colegas (1997), do Hay Group.

Comecemos com a abordagem de Handy. O autor assinala que a forma de administrar uma organização é "produto de um processo criativo e político que deve muito à cultura e à tradição prevalecente" (2000:7). Assim, cada organização possui modo peculiar de fazer, de compartilhar, de resolver seus problemas, de vencer seus desafios. O autor classifica as culturas organizacionais em quatro categorias, segundo suas orientações predominantes: *poder*, *papel*, *tarefa* e *pessoas*.

A cultura do poder

A empresa voltada para a cultura do *poder*, segundo Handy (2000), tem como característica a centralização do poder. É competitiva, preocupando-se mais com o próprio crescimento do que com o bem-estar geral. As pessoas bem-sucedidas são competitivas e fortemente interessadas em ter poder. Os empregados são controlados por meio de recompensas e punições, ou pelo exercício pessoal do poder político. As tarefas são desempenhadas por esperança de recompensa ou medo de punição. Esse tipo de empresa valoriza as relações baseadas na confiança, nos laços de lealdade, em detrimento do respeito às decisões de profissionais, muitas vezes ignoradas. Frequentemente, as decisões são tomadas pela pessoa de maior poder ou autoridade, mais ciosa da manutenção de seu poder do que da realização eficaz das tarefas.

A cultura do papel

As organizações voltadas para o *papel*, por sua vez, enfatizam a legalidade, a responsabilidade e a legitimidade. Predominam regras e procedimentos. Existe grande respeito pela hierarquia e pelo *status*. É fácil prever comportamentos, porque geralmente são regulados por normas e procedimentos. A adaptação à mudança ocorre de maneira lenta, portanto, a empresa não está preparada para lidar com o imprevisível. As decisões são tomadas com base no que está previsto em regulamentos. A obediência à chefia ocorre porque existe uma designação formal para o chefe. Cumprir ordens é mais valorizado do que a eficácia na realização das tarefas.

A cultura da tarefa

A cultura voltada para a *tarefa* é direcionada para o alcance de resultados planejados. O talento e a ação empreendedora são valorizados, assim como o trabalho em equipe, a criatividade e a inovação. Se papéis, regras e regulamentos atrapalham a solução do problema, são mudados. A ênfase está na rapidez e na qualidade com que as tarefas são desempenhadas. Esse tipo de empresa apresenta flexibilidade e agilidade para adaptar-se às mudanças, estando sempre atualizada em relação ao que há de mais moderno e mais adequado para a realização de suas atividades. Os empregados são valorizados pelo seu conhecimento técnico e por sua capacidade de realização. As funções de chefia são sempre ocupadas por aqueles que demonstram claramente a sua competência.

A cultura da pessoa

A cultura da *pessoa* tem o indivíduo como ponto central. Como assinala Handy (2000), nas três outras culturas o indivíduo é subordinado à organização. Nessa, a organização existe para ajudá-lo a alcançar o seu objetivo. Os indivíduos se veem como profissionais que cedem os seus talentos à organização. Portanto, no dizer do autor, "esta cultura é excelente onde o recurso crucial da organização é o talento, ou a habilidade do indivíduo" (p. 31). Assim, o atendimento às necessidades pessoais é uma preocupação da cultura da *pessoa*. Acredita-se que indivíduos motivados sejam altamente produtivos. O principal objetivo de uma organização voltada para a *pessoa* é o atendimento das necessidades dos seus membros. A autoridade, nesse tipo de empresa, é pouco exercida, sendo muitas vezes desnecessária. Os indivíduos colaboram espontaneamente e agrupam-se em função de interesses comuns. As funções são designadas com base em preferências pessoais e na necessidade de crescimento de cada um.

Essa classificação de Handy suscita algumas questões. Uma delas está relacionada à efetiva existência de culturas da *pessoa*, ainda pouco comuns. Porém, é o próprio Handy quem nos fornece alguns exemplos de organizações nas quais a cultura da *pessoa* é encontrada: sociedades de arquitetos, de médicos, de advogados, cooperativas de artistas, entre outras.

Peter Drucker, no final dos anos 1980, chamava a atenção para o fato de que "nos próximos 20 anos" os grandes negócios terão

> pouca semelhança com a companhia industrial típica dos anos 1950, que nossos livros-textos consideram a norma. Em vez disso, é muito provável que se pareçam com organizações a que nem o administrador atuante, nem o estudante de administração dão muita atenção hoje: o hospital, a universidade, a orquestra sinfônica (Drucker, 1988:1).

Assim, vale a reflexão sobre os novos estilos gerenciais emergentes nas últimas décadas e suas inter-relações com os principais processos de negócios e com as arquiteturas organizacionais, hoje tão distintos daquele baseado em especializações excessivas. Essa é a questão tratada pelo Hay Group ao analisar a relação entre as culturas de trabalho e os sistemas de remuneração.

A equipe Hay identificou, por meio de pesquisas, quatro modelos culturais que operam atualmente nas empresas. São eles: a cultura tradicional, voltada para *funções*, além de outras três novas culturas em evolução: a voltada para *processo*, a baseada em *tempo* e a baseada em *redes*. Cada uma delas é orientada e moldada pelas características específicas dos ambientes negociais onde as organizações atuam.

Cultura voltada para funções

Flannery (1997:45), um dos membros da equipe Hay, assinala em seu livro *Pessoas, desempenho e salários* que, "na maior parte dos últimos cem anos, uma única cultura era dominante", ou seja, a cultura voltada para *funções*. As razões, como vimos, eram a estabilidade do ambiente de negócios, a concorrência limitada e clientes pouco exigentes. Assim, o desenho organizacional se pautava por hierarquias bem-definidas, com múltiplos níveis hierárquicos e posições especializadas, entre outros atributos, o que reflete os valores relativos à minimização de imprevisibilidade, na medida em que se conhecia a concorrência e a clientela, ficando o planejamento e a tomada de decisões claramente separados da execução. Os empregados bem-sucedidos eram especializados, disciplinados, e valorizavam a segurança, a ordem, a carreira construída ao longo de anos numa mesma organização.

Cultura voltada para processos

A preocupação crescente com o cliente como força dominante de mercado, associada à explosão tecnológica, levou as empresas à busca de novas formas de organizar o trabalho, de redefinir o relacionamento chefia *versus* subordinado. Como o nome sugere, o trabalho em uma empresa voltada para *processos* dá ênfase à qualidade e à satisfação do cliente. Surge, assim, a necessidade de se projetarem processos que possibilitem o trabalho em equipe, em lugar da especialização e do desempenho individual. O planejamento, a execução e o controle estão integrados e situados próximos ao cliente. Os fornecedores, as equipes que executam os processos e os clientes estão vinculados ao processo de tomada de decisão. Os clientes também têm um papel na avaliação da satisfação dos funcionários. Os funcionários bem-sucedidos na cultura voltada para *processos* são aqueles que valorizam os resultados, a qualidade dos serviços, e querem estar associados a um grupo ou equipe.

Cultura baseada no tempo

Surge no começo dos anos 1990, à medida que o mercado torna-se mais global e a tecnologia mais acessível. Não bastava mais a qualidade e a satisfação do cliente. Formas adicionais de reduzir custos e levar novos produtos e serviços ao mercado, a uma velocidade cada vez maior, tornam-se imprescindíveis. A estrutura baseada em tempo — preocupada com a maximização do retorno dos investimentos fixos, com a agilidade técnica e a flexibilidade — limita os níveis hierárquicos e intensifica o uso de grupos de trabalho interfuncionais em seus programas e projetos. Os indivíduos são incentivados a desenvolver o domínio e a competência em múltiplas funções. Tudo isso busca tornar a empresa mais flexível e ágil para garantir vantagens competitivas. Assim, o desenho do trabalho adquire novos contornos. As estruturas tendem à horizontalidade, o trabalho passa a ser delineado e realizado por equipes de projetos, as interfaces entre as tarefas se tornam cada vez mais nebulosas. Enfim, a instabilidade passa a ser vista como um fator de evolução, como geradora de oportunidades a serem aproveitadas e maximizadas.

Cultura baseada em redes

Como assinala a equipe Hay (Flannery 1997:54), a partir dos anos 1990 a mudança deixa de ser um fenômeno que ocorria apenas eventualmente, para se tornar um estado, "uma força constante". E com essa constância da mudança emergiu uma "empresa virtual" e um quarto paradigma de trabalho, "a cultura baseada em redes", concebida em torno de alianças que proporcionem as proficiências e competências necessárias para completar, com sucesso, um empreendimento específico. A hierarquia tradicional é substituída por produtores que coordenam e dirigem os esforços da rede pelo ciclo de vida dos empreendimentos. Os relacionamentos tendem a ser cada vez mais informais e a flexibilidade e a rapidez passam a ser as forças motrizes das empresas baseadas em *redes*.

Como o trabalho em uma cultura baseada em *redes* compreende o período de duração de um projeto, os papéis são desenhados de acordo com a situação, durando apenas o tempo necessário e visando manter aspectos específicos do empreendimento. Relacionamentos, e não estruturas, governam o trabalho. A ênfase não se situa em cargos, mas na eficácia das pessoas. Muitas culturas baseadas em *redes* são projetadas em torno da criação de novos produtos, mercados ou negócios.

Cada modelo aqui apresentado enfoca aspectos distintos e a sua observação pode ser de muita valia quando do delineamento de programas de remuneração, na medida em que as organizações tendem a trabalhar sob a égide de unidades de negócios. Assim, uma mesma corporação pode abrigar realidades distintas de acordo com os mercados, a tecnologia e os produtos que a caracterizam. Gostaríamos de retomar aqui a ideia da complementaridade entre as classificações de Handy e do Hay Group, estabelecendo, por exemplo, uma analogia entre a cultura orientada para o *papel* (Handy) e o modelo organizacional voltado para *funções* (Hay Group), bem como entre a cultura orientada para a *tarefa* e o modelo voltado para o *processo*. Assim, a realidade múltipla pode ser produtivamente apreendida pela associação entre os dois modelos aqui citados.

Como você vê, leitor, o tema, além de apaixonante, é de extrema relevância para todos os que têm como objeto de estudo o desenvolvimento de programas efetivos de reconhecimento e recompensas. Muitas vezes, pressionados pela necessidade de acompanhar o ritmo de mudanças à nossa volta, não damos a devida importância a questões mais intangíveis, como, por exemplo, a cultura organizacional. Em consequência, o conjunto de práticas, valores, estilos e crenças de um grupo de trabalho não é devidamente contemplado quando da elaboração de sistemas de remuneração, o que pode gerar um ambiente de insatisfação e um clima organizacional desfavorável à excelência de resultados, objetivo de toda ferramenta gerencial.

O entendimento da cultura organizacional nos ajuda a projetar sistemas de recompensas mais adequados. Isso, porém, não é suficiente. Faz-se indispensável a observação de outro ponto-chave, qual seja, o alinhamento com as estratégias de negócio. Esse é o tema abordado a seguir.

Alinhando estratégias empresariais e recompensas financeiras

Passemos a nossa segunda reflexão. Seu foco reside na análise da relação entre as estratégias empresariais e a forma de recompensas financeiras. Como já enfatizamos, ignorá-la quando do delineamento dos sistemas de remuneração tem efeitos nefastos.

As estratégias, por natureza, não rendem frutos imediatamente. A estratégia empresarial visa fornecer à organização subsídios para o enfrentamento eficaz das mudanças do ambiente. Dito de outro modo, a estratégia é uma ferramenta gerencial que indica um caminho futuro. No passado, esse futuro era previsto com base em instrumentos de cunho racional-normativo de análise antecipatória, dado o contexto ambiental pouco mutante, o que permitia uma relativa autonomia da organização em relação ao seu ambiente. Mas, a partir dos anos 1950, os desafios começam a ser cada vez mais inesperados. As empresas se veem envolvidas em um ambiente cada vez mais turbulento. As mudanças econômicas, políticas e sociais se desenvolvem num ritmo acelerado, exigindo um esforço das organizações para atender de pronto, por exemplo, às necessidades dos clientes, às exigências dos sindicatos e, ao mesmo tempo, aos anseios dos acionistas.

Constantemente novas variáveis ameaçam a estrutura, os objetivos e o próprio funcionamento das organizações. Prever e controlar as mudanças se torna cada vez mais difícil. Para se manter competitiva, a organização necessita desenvolver, concomitantemente, estratégias capazes não apenas de garantir o atendimento da demanda, ou seja, capazes de ter uma boa participação no mercado (*market share*), mas também capazes de converter insumos em produtos com o máximo de rendimento. Dito de outro modo, no atual contexto de negócios a organização necessita apresentar atributos que lhe garantam a obtenção e a manutenção de vantagem em relação à concorrência. A vantagem competitiva pode ser construída por meio de caminhos muito distintos, face ao contexto socioeconômico, ao padrão de concorrência, ao porte da empresa, aos processos internos, entre outros. Levar em conta a questão estratégica, portanto, é crucial quando da escolha do sistema de remuneração a ser implementado em uma organização.

Buscamos, em *O mundo que mudou a máquina — síntese dos trabalhos do Gerpisa 1993-1999*, de Boyer e Freyssenet (2000), exemplos que nos ajudam na visualização dessa ideia. Os autores realizam suas pesquisas na indústria automobilística; suas conclusões, entretanto, extrapolam esse segmento.

Boyer e Freyssenet relacionam as estratégias de lucros a modelos produtivos, analisando, em cada um dos modelos, como se desenvolve a relação salarial. Selecionamos duas estratégias: de "volume" e de "inovação e flexibilidade" para ilustrar nosso argumento a respeito da importância do estreito relacionamento entre estratégia corporativa e sistemas de remuneração.

Os autores escrevem:

> [...] a estratégia de volume exige de fato, para ser praticada, além de conceber um produto que responda às necessidades básicas de transporte individual da população, uma organização produtiva e estabilizada que permita uma produção estandardizada em fluxo contínuo e com crescimento regular e uma relação salarial suficientemente controladora para lhes fazer aceitar a repetição de tarefas semelhantes (Boyer e Freyssenet, 2000:14).

O modelo taylorista-fordista respondia de forma efetiva a esses requisitos, daí o seu sucesso na época. É ainda em Boyer e Freyssenet que nos apoiamos para apresentar mais uma ilustração da relação estratégia *versus* remuneração, neste caso fazendo referência à estratégia adotada pela Honda:

> A estratégia de "inovação e flexibilidade" necessita, para ser levada a bom termo, que a firma possa assumir riscos financeiros necessários e seja capaz de oferecer regularmente modelos inovadores comercialmente pertinentes. O modelo "hondista" é marcado por uma relação salarial que favorece a emergência, no seio da empresa, de inovadores em todos os escalões, graças a uma política de recrutamento, de salário e de promoçao privilegiando e valorizando a especialização e a iniciativa individuais mais que o diploma, idade ou antiguidade, e do mesmo modo a responsabilidade e as boas condições de trabalho, especialmente oferecendo duração do trabalho, anual, semanal e diário a mais baixa do setor (Boyer e Freyssenet, 2000:17).

Cremos que esses exemplos, ainda que relacionados apenas à indústria automobilística, favorecem a compreensão da importância do alinhamento dos sistemas de remuneração à estratégia empresarial.

Uma vez entendida a importância desse alinhamento à cultura e às estratégias empresariais, faz-se necessário entender como é composta a remuneração total dos empregados. Esta é a questão abordada na próxima seção.

As parcelas que compõem o total das recompensas financeiras

Desde os primórdios do pensamento administrativo a preocupação com a remuneração esteve presente. Fayol e Taylor, "os pais da administração", não perderam de vista essa questão.

Fayol inseriu a remuneração entre os princípios de administração a serem observados, tão importante quanto a divisão do trabalho, a hierarquia, a centralização, entre outros. O autor diz textualmente: "A remuneração do pessoal é o prêmio pelo serviço prestado. Deve ser equitativa e, tanto quanto possível, satisfazer ao mesmo tempo ao pessoal e à empresa, ao empregador e ao empregado" (Fayol, 1990:50).

Taylor (1990) também defendia a conciliação de interesses entre patrões e empregados por intermédio do incremento da produtividade, que garantiria o aumento de lucros e salários. O autor acreditava poder tornar as fábricas mais eficientes com a organização racional do trabalho, visando à decomposição das tarefas em operações simples e à especialização do operário. A ideia da tarefa é, sem dúvida, o elemento central do pensamento taylorista. A tarefa executada segundo o *one best way* é a base do sistema de remuneração funcional. Esse sistema, detalhado no capítulo 4, objetiva à compensação do empregado por seus serviços prestados, numa visão mecanicista, na medida em que concebe o trabalho como um fator de produção, perfeitamente quantificado, assim como as tarefas e o esforço necessário para a sua execução. Assim, o elemento humano é irrelevante, não sendo considerados aspectos relativos a comportamentos individuais e de equipe. Pelo contrário, quanto mais impessoal for o tratamento dado à questão da análise do trabalho e das tarefas que o compõem, tanto melhor é o sistema de remuneração resultante.

O sistema funcional de remuneração é ainda muito utilizado pelas organizações, menos pelo desejo de suas lideranças e mais por questões relacionadas ao modelo produtivo vigente e ao seu contexto. A relação salarial é produto de acordos que extrapolam o âmbito interno das corporações. Variáveis relacionadas a regimes de crescimento e de distribuição de renda, mercado, entre outros fatores, têm impacto direto sobre as formas de remuneração.

O outro componente da remuneração são os salários indiretos, comumente denominados benefícios, oferecidos pela empresa a seus empregados.

Como já mencionado, face às mudanças ocorridas no ambiente corporativo, novas formas de remuneração (além da remuneração funcional e dos benefícios) começam a ser utilizadas para fazer frente à nova realidade, marcada por um mercado globalizado e competitivo. Essas novas formas de remuneração foram separadas em duas categorias: remuneração por competência e remuneração variável.

A escolha do sistema de remuneração a ser adotado pelas organizações é produto de diferentes variáveis, entre elas o contexto onde a empresa atua: suas estratégias, sua cultura e arquitetura organizacional. Não há fórmulas prontas capazes de solucionar as questões complexas que envolvem a remuneração dos empregados, daí a importância do conhecimento dos diversos modelos encontrados no mundo corporativo.

Quando se pensa em remuneração é interessante ter em mente que a remuneração total pode ser composta por duas parcelas: a remuneração fixa (salário-base e benefícios) e a remuneração variável (relacionada a ganhos por desempenho, que alguns chamam de incentivos salariais). A remuneração por habilidade/competência é um tipo de remuneração fixa e, assim como a remuneração funcional, compõe o salário-base do empregado.

Em linhas gerais, este capítulo contextualizou a remuneração no atual contexto de negócios. Nesse sentido, foram destacados os principais desafios enfrentados quando do delineamento de sistemas de recompensas, assim como a importância do alinhamento destes à cultura e às estratégias organizacionais.

O próximo capítulo aborda a análise de funcionalidades. Como você, leitor, observará, seu objetivo é favorecer o entendimento das ideias até aqui apresentadas por meio de uma análise mais específica da relação entre estratégia, estrutura e sistemas de recompensas financeiras.

2

Análise de funcionalidade

Conforme exposto no capítulo anterior, as profundas mudanças ocorridas, especialmente nas últimas duas décadas, provocaram grandes impactos na forma de vida das pessoas e no mundo corporativo, transformando em palavras de ordem expressões como "trabalho em equipe", "colaboração", "competência coletiva", "visão sistêmica" e outras. O que se observa na prática não traduz a eloquência dos discursos.

Sob a influência da visão taylorista-fordista, introduzida pela administração científica há mais de um século, a visão segmentada do trabalho ainda persiste. As organizações, em sua grande maioria, sofrem a falta de uma visão de conjunto, de objetivos compartilhados e de integração entre áreas e equipes.

Neste capítulo discutiremos a necessidade de retomada desses conceitos à luz de uma visão sistêmica, entendendo que o posicionamento do sistema de remuneração na dinâmica organizacional, bem como suas relações de interdependência com os demais sistemas da organização apresentam na realidade uma visão voltada para sistemas e processos.

Gestão de pessoas sob um enfoque sistêmico

É evidente que a complementaridade entre as áreas e a soma dos seus resultados são importantes para o alcance dos objetivos organizacionais. Então, por que a realidade observada no contexto das empresas, com algumas louváveis exceções, reflete ainda um comportamento de isolamento e individualidade? Por que a dinâmica organizacional ainda se assemelha a um aglomerado de áreas, cada uma com seu modelo de gestão, sua cultura, seus interesses, dissociados do interesse organizacional?

A resposta talvez esteja no fato de termos convivido durante muitas décadas sob a égide do modelo taylorista, também chamado mecanicista, que induz a uma visão segmentada e à valorização das partes.

O modelo de gestão baseado em cargos é herança dessa cultura, em que as atividades humanas são atreladas a uma descrição de tarefas predefinidas. Cada indivíduo, concentrado na parte específica do trabalho que lhe cabe, desenvolve uma percepção isolada de um pequeno intervalo do processo produtivo, provocando a perda da dimensão sistêmica. Essa visão, que marcou por muito tempo a cultura organizacional, ainda persiste, sobrepondo-se à necessidade da integração entre as partes para o benefício do todo.

É preciso desenvolver uma nova forma de compreensão da dinâmica organizacional. Em se tratando do estudo dos sistemas de remuneração, atrelados à noção de cargos ou não, é necessário compreendê-los como apenas uma parte de um sistema maior: o de gestão de pessoas ou de recursos humanos. Este, por sua vez, é parte de um sistema ainda maior, que é o organizacional. No entanto, encontramos, com muita frequência, empresas em que as partes não se harmonizam. São comuns situações em que os subsistemas de gestão de pessoas não se conectam: os processos de seleção não se comunicam com o sistema de gestão do desempenho, que não se comunica com o sistema de remuneração ou com o sistema de capacitação e desenvolvimento etc. (Lustri e Miura, 2005). No entanto, eles deveriam funcionar como elementos que se complementam dentro de uma cadeia de valor.

Para começar, vejamos com um pouco mais de profundidade alguns conceitos que embasam a visão sistêmica.

O adjetivo "sistêmico" deriva do substantivo "sistema" e, segundo Checkland e Scholes (1992), está relacionado a um conjunto de processos visto como um todo, em contraposição aos enfoques analíticos e reducionistas da administração científica.

Entre as inúmeras definições de sistema, há três ideias básicas que, segundo Navarte (2001), se repetem, deixando claro que o termo sistema remete a uma totalidade com sentido próprio. Uma delas é a de um conjunto de partes, elementos ou objetos. Outra é a inter-relação entre essas partes, elementos ou objetos. A terceira é um padrão coerente que dá sentido ao todo.

Como estamos tratando da ideia de sistema no contexto organizacional, a abordagem de Checkland e Scholes (1992) trata dos sistemas de atividades humanas (*human activity system*) e destaca quatro características: a *emergência*, a *recursividade*, a *comunicação* e o *controle* (figura 1).

Figura 1

RESPONSIVIDADE OU COMPLEXIDADE RESIDUAL

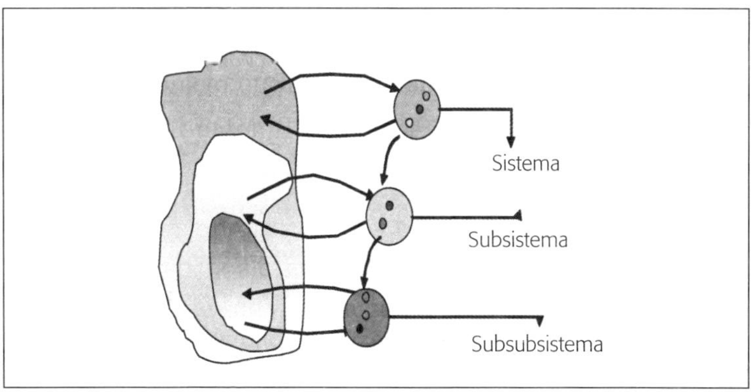

Fonte: Espejo et al. (1996).

A *emergência* traz a ideia de que o resultado que emerge da combinação das partes é maior que a soma delas.

A *recursividade* remete ao fato de que as partes que compõem um sistema são sistemas de menor complexidade nele contidos, de forma que cada sistema passa a fazer parte de um maior.

A *comunicação* é o processo pelo qual as partes de um sistema se relacionam e se afetam mutuamente.

O *controle* é o processo pelo qual um sistema concretiza sua visão e atinge suas metas, promovendo constante adaptação ao seu ambiente, mantendo o sentido de totalidade.

Compreendendo o conceito do termo "sistema", a ideia da visão sistêmica, portanto, é aquela que abrange o conjunto das partes inter-relacionadas que compõem um sistema, e a totalidade resultante dessa inter-relação.

Vamos, a seguir, analisar a gestão de pessoas (GP) como um sistema, sob a luz dessas definições e conceitos que acabamos de levantar.

Para começar, é preciso entender o seu conceito. Segundo Fischer (2002:12), um sistema de gestão de pessoas reflete a "maneira pela qual uma empresa se organiza para gerenciar e orientar o comportamento humano no trabalho" dentro dos padrões coerentes com o negócio da organização.

Quanto à *recursividade*, a gestão de pessoas é parte de um sistema maior — o organizacional — juntamente com as áreas de marketing, produção, finanças etc. O sistema de gestão de pessoas pode ser entendido como um conjunto de sistemas menores que se inter-relacionam. Estes são o que chamamos de subsistemas de seleção, capacitação e desenvolvimento, gestão do desempenho, remuneração e recompensa etc.

Cada um desses subsistemas é constituído por políticas e processos, sendo que o sentido de sua totalidade está no direcionamento estratégico do comportamento e do desempenho humano para o alcance dos objetivos organizacionais. Esse direcionamento estratégico reflete as características de *emergência* e *controle*, atribuídas por Checkland e Scholes (1992) aos sistemas de atividades humanas, pois a soma das partes é o resultado que se pretende da combinação dos subsistemas de gestão de pessoas.

Dentro do conceito da *comunicação*, os subsistemas estão interligados e se afetam mutuamente: um processo de seleção e contratação com um salário fora dos padrões organizacionais terá que ser administrado fora das políticas de remuneração, o que poderá influenciar as relações e o clima organizacional. Um programa de desenvolvimento deficiente afetará os resultados do desempenho de empregados, podendo impactar o resultado organizacional, e assim sucessivamente.

No contexto organizacional, as partes inter-relacionadas do sistema, além de se afetarem mutuamente, sofrem a interferência de muitas outras variáveis internas e externas à organização.

A maneira como essas partes são organizadas e estruturadas é determinante na inter-relação das áreas, no fluxo de informações, no fluxo do processo decisório, nos relacionamentos entre níveis hierárquicos, nos modelos de gestão. No que se refere a definição, descrição e avaliação de cargos, remuneração e carreira, entender a estrutura organizacional é de suma importância para a elaboração de um sistema eficaz.

Estrutura organizacional

A estrutura organizacional pode ser entendida como a maneira que as organizações agrupam suas atividades e definem as relações hierárquicas. O desenho da estrutura organizacional projeta de maneira formal os relacionamentos entre os níveis hierárquicos, o fluxo das informações e dos processos decisórios.

O padrão amplamente adotado pelas organizações é o modelo mecanicista, que nasceu para atender à realidade da era taylorista-fordista, da produção em massa. Porém, novas formas de estruturação surgem, na tentativa de adequar o ambiente organizacional ao contexto atual de mercado, marcado pela grande demanda por customização, pela necessidade constante de criatividade e inovação.

Galbraith e Lawler III (2003) analisam esse contexto e verificam que muitas mudanças vêm ocorrendo sobre os arranjos estruturais nas organizações, sobre o papel dos grupos de cúpula, como eles deveriam ser estruturados e como deveriam se relacionar com as unidades, funções e equipes às quais dão suporte.

Em contraposição à visão vertical da estrutura funcional, diante da necessidade de uma visão horizontal integrando as funções e atividades organizacionais, a gestão por processos desponta como um novo modelo para a estruturação e administração das organizações.

A escolha do modelo de gestão e a definição da estrutura organizacional fazem toda a diferença na definição das práticas de gestão de pessoas e, consequentemente, na gestão dos sistemas de remuneração e carreira, foco deste livro. Por essa razão, a seguir vamos expor os conceitos e analisar as diferenças entre os dois modelos, ressaltando as principais deficiências do modelo funcional puro dentro do atual cenário dos negócios.

Estrutura funcional

No modelo funcional, também chamado de modelo mecanicista, a empresa é organizada em funções (tais como marketing, engenharia, produção, logística etc.). Cada função tem suas atividades segmentadas e individualizadas, demandando alto grau de especialização. Nessa estrutura verticalizada, a hierarquia e as relações de poder são bem-definidas e o processo decisório é centralizado.

Segundo Nonaka e Takeuchi (1997), nesse modelo a gestão organizacional é altamente dependente da padronização dos processos de trabalho, bem como da existência de regras, padrões e controles. Essa estrutura mostra-se mais adequada a situações de realização de trabalho de rotina em larga escala.

O contexto atual mostra uma realidade muito diferente, marcada por mudanças frequentes, competitividade acirrada, alto grau de obsolescência de produtos provocando a necessidade de inovações constantes, sem falar nas tendências da demanda pela customização de produtos e serviços.

A figura 2 reflete graficamente essa estrutura, onde as funções são integradas de forma vertical.

Figura 2
ALICERCES ORGANIZACIONAIS

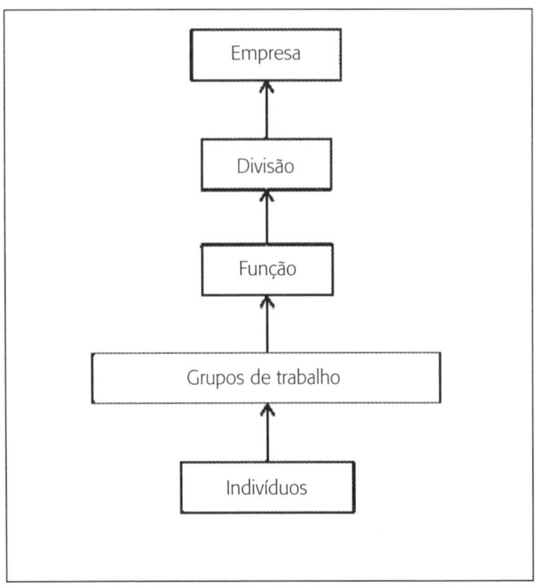

Fonte: Galbraith e Lawler III (2003:30).

Para definir a estrutura de uma organização, segundo Oliveira (2007), é preciso considerar aspectos como a *departamentalização*, que envolve o agrupamento de atividades dentro de funções específicas: de marketing, financeiras, de produção etc.

Dentro de cada agrupamento, ou função, são definidos os tipos e quantidades de cargos e são estabelecidos os *níveis hierárquicos* — conjuntos de cargos com níveis de autoridade.

Cada nível de autoridade possui uma *amplitude de controle* — a quantidade de subordinados que um profissional pode coordenar pessoalmente.

Outro aspecto importante é a definição do grau de *centralização* ou *descentralização*, que estabelece o grau de concentração do poder de tomada de decisão e a matriz de responsabilidades.

Críticas ao modelo funcional

Conforme dissemos, as mudanças em ritmo acelerado, efeitos da globalização e dos avanços tecnológicos, já fazem parte do cotidiano das pessoas em quase todos os setores da vida. No entanto, a maioria das empresas ainda define suas estruturas com base no padrão mecanicista. Ainda hoje convivemos com essa estrutura idealizada para o contexto taylorista-fordista do início do século XX. Uma composição verticalizada, reproduzida pelo tradicional organograma que expressa a divisão das tarefas e responsabilidades, bem como as relações hierárquicas entre os colaboradores de uma organização (Lustri e Miura, 2005).

Segundo Galbraith e Lawler III (2003), embora a produtividade seja ainda um fator importante, deixa de ser a principal preocupação da gestão, dando lugar a aspectos como qualidade total, serviço ao cliente, competitividade, enfatizando ainda mais as deficiências da organização funcional.

Inapropriada para o atual cenário dos negócios, conforme observa Oliveira (2006), a estrutura funcional apresenta sérias desvantagens às organizações que a adotam. Algumas delas são discutidas a seguir:

- o poder de decisão, a visão do todo e a responsabilidade pelo desempenho do negócio se concentram na alta direção. Cada gerente funcional administra sua área com uma visão parcial, de forma desconectada do todo;
- em virtude da concentração do poder de decisão na cúpula, o fluxo de informações e o processo de comunicação ficam truncados. Informações importantes para os níveis inferiores frequentemente não atingem as bases, provocando os mais variados tipos de problemas;
- a segmentação entre as funções, ou áreas, favorece a crença do gerente funcional de que sua função é a mais importante da empresa, o que comumente provoca o isolamento da área em um contexto que demanda uma visão sistêmica do negócio;
- a falta de integração entre as áreas vai provavelmente causar impactos no cumprimento de prazos, pois a segmentação entre as áreas torna deficiente a interligação das várias atividades da empresa;
- a segmentação provoca o estabelecimento de feudos, reduzindo significativamente a capacidade de adaptação e integração entre as áreas e seus integrantes.

Além de tudo isso, a falta de percepção quanto à interdependência das atividades de cada uma das unidades funcionais certamente causará prejuízos na qualidade do produto ou serviço ao cliente. É muito comum também, dentro dessa visão tradicional, ver o poder da hierarquia se sobrepondo aos interesses organizacionais coletivos e ao atendimento às demandas dos clientes.

As barreiras típicas desse modelo ocorrem tanto no sentido horizontal, quando se consideram as camadas hierárquicas, quanto no vertical, quando se trata do isolamento entre as áreas funcionais, conforme ilustra a figura 3.

Figura 3

BARREIRAS TÍPICAS DO MODELO FUNCIONAL

Fonte: Probst, Raub e Romhardt (apud Monteiro, 2006).

Em texto produzido pela Diretoria Geral da Administração (DGA) da Universidade Estadual de Campinas (Unicamp, 2005) para reflexão sobre a gestão por processos, esse cenário é muito bem ilustrado. Em uma organização tradicional,

> [...] as estruturas são construídas em camadas de gerentes, posicionados um acima do outro, começando pela base, com os funcionários operacionais, e formando uma pirâmide. Todas as decisões ocorrem no vértice e as decisões na base só ocorrem com a permissão do vértice, ou das camadas gerenciais intermediárias. [...] Aqueles da base da pirâmide nunca têm poder de decisão, havendo um paradigma subliminar de que os trabalhadores que compõem este nível da pirâmide tenham menos instrução e assim menor condição de contribuições significativas, e que aqueles dos níveis mais elevados serão sempre mais capacitados, com mais condições de saber o que é melhor para a organização. Esta "regra", que pode ser implícita ou explícita, é necessária para legitimar a graduação do poder em forma de pirâmide.

Os problemas do modelo funcional ficam mais evidentes quando a necessidade de melhorar a competitividade é condição de sobrevivência para as organizações.

Os desafios dos novos tempos impõem a necessidade de eliminar barreiras departamentais, fomentar o espírito colaborativo, facilitar o fluxo de informações, agilizar o processo decisório, reduzir o tempo de resposta a clientes e demandas de mercado, enfim, as organizações precisam contar com uma gestão mais ágil, eficaz, transparente e sustentável.

Assim, a gestão por processos surge como uma alternativa mais adequada à realidade das organizações do terceiro milênio.

Organização por processos

A ideia da organização por processos ganha corpo a partir do início da década de 1990, com a publicação do livro *Reengineering the corporation*, de Michael Hammer, professor no Massachusetts Institute of Technology (MIT) falecido em 2008, considerado um dos grandes pensadores do mundo dos negócios.

Há muitos conceitos de "processo" na literatura sobre o tema. Vejamos alguns deles que retratam a dinâmica organizacional.

Segundo Davenport (1994), processo é uma ordenação específica de atividades de trabalho no tempo e no espaço. Deve ter começo, meio, fim, insumos e resultados claramente identificados e mensuráveis.

Roberts (1995) define processo como um conjunto de atividades interligadas que transformam insumos em produtos ou serviços, os quais representam soluções para os clientes internos e externos da empresa.

Pelas normas da qualidade, processo é um conjunto de atividades inter-relacionadas que transformam insumos (entradas) em produtos (saídas). Os insumos (entradas) de um processo são, geralmente, produtos (saídas) de outro processo anterior (figura 4).

Figura 4
Representação gráfica de processos

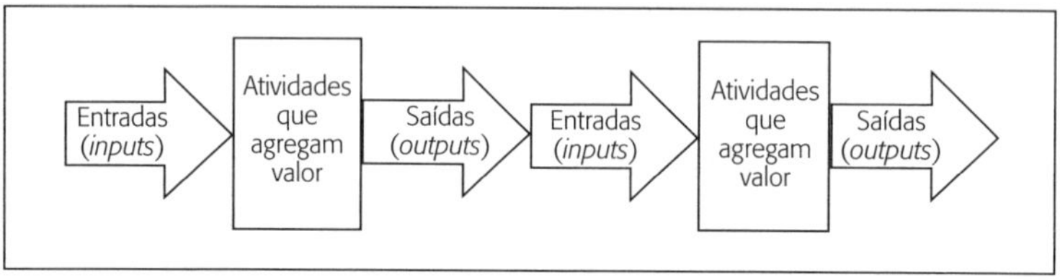

Fonte: ABNT (2005).

Os processos podem ser desenhados e entendidos em diversos níveis de hierarquia, de acordo com o grau de detalhamento, iniciando pelos macroprocessos, passando pelos processos, subprocessos, atividades, e chegando ao nível de tarefa.

Macroprocessos

São processos que geralmente envolvem mais de uma função da organização, e cuja operação tem impacto significativo em todas as funções organizacionais. Os macroprocessos são processos corporativos capazes de explicar completamente o funcionamento de uma organização. Em outras palavras, devem explicar como a empresa organiza o seu negócio, desempenha sua missão e se transforma, visando manter-se competitiva ou conquistar competitividade (Barroso, 2009).

Processos

São divisões do macroprocesso, têm objetivos específicos e são organizados seguindo linhas funcionais. Por serem pertinentes a uma área funcional, também são chamados de processos funcionais. Como exemplos, teríamos os processos de marketing, de produção, de gestão de pessoas etc.

Subprocessos

São subdivisões dos processos. Como exemplo, a gestão de pessoas seria um processo funcional, que pode ser dividido em subprocessos, como seleção, treinamento, remuneração etc. Os subprocessos podem ainda ser detalhados em mais dois níveis: atividades e tarefas.

Atividades

São ações que ocorrem dentro dos processos, geralmente realizadas por uma pessoa ou departamento visando à produção de um resultado específico. Elas constituem a maior parte dos fluxogramas de processo.

Tarefas

São uma parte específica do trabalho. Podem ser descritas como microenfoques do processo, ou subconjuntos de uma atividade.

A figura 5 ilustra a hierarquia dos processos, desde o nível dos macroprocessos até o de tarefas.

Figura 5

HIERARQUIA DE PROCESSOS

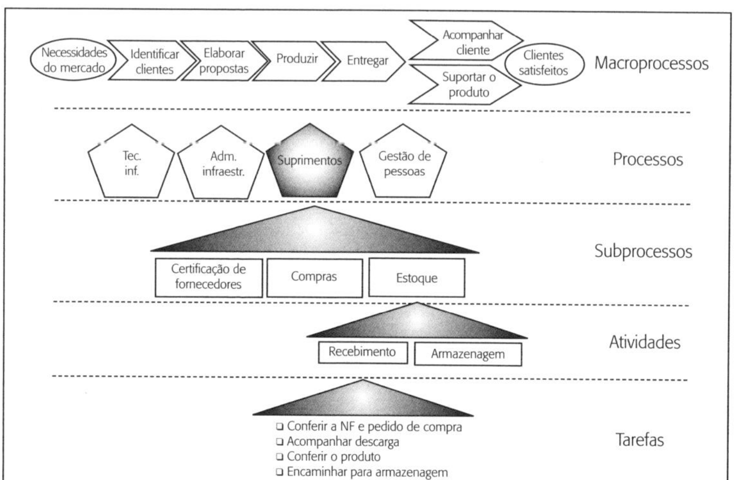

Muitas empresas estão tentando mudar, passando de uma estrutura funcional para uma de processos. Um dos principais problemas que enfrentam é a dificuldade de transformar os processos mapeados em processos efetivamente praticados.

A tendência da *estruturação por processos* não implica necessariamente o abandono total da *estrutura funcional*. Para Davenport (1994), a combinação de ambas é viável e possibilita a interface dos processos interligando funções. No entanto, em qualquer dos casos, para ter sucesso nessa empreitada é preciso trabalhar fortemente a cultura organizacional e enfrentar a resistência natural a qualquer processo de mudança. A estruturação da empresa em processos, acompanhada da implantação de indicadores e recursos de mensuração, traz à tona deficiências e problemas. Ao mesmo tempo que isso torna mais fácil solucioná-los, expõe as falhas humanas que estão por trás da falta de acompanhamento e gerenciamento, gerando inseguranças, mexendo com interesses, *status* e relações de poder.

As pessoas precisam compreender a cadeia interna de cliente-fornecedor, interligando o espaço entre as necessidades de clientes e demandas de mercado, e o atendimento dessas necessidades e demandas.

Em qualquer organização, todas as atividades funcionais estão conectadas, direta ou indiretamente, em uma relação de interdependência, mesmo que sua estrutura seja puramente funcional.

Considerando a necessidade de uma visão sistêmica para a boa gestão das organizações, e lembrando que sistema é um conjunto de partes inter-relacionadas, os processos são os componentes que interligam as partes de um sistema.

A estruturação por processos evidencia a relação de interdependência entre as atividades e funções organizacionais, possibilitando melhor compreensão do desempenho das partes em relação ao desempenho do todo.

A importância do pensamento sistêmico em contraposição à visão funcional revela-se em um dos conceitos fundamentais da excelência em gestão da Fundação Nacional da Qualidade (FNQ, 2006:12), segundo o qual as

> organizações são constituídas por uma complexa combinação de recursos humanos e organizacionais, interdependentes e inter-relacionados, cujo desempenho pode afetar, positiva ou negativamente, a organização em seu conjunto.

É necessário entender as relações de interdependência entre os diversos componentes de uma organização, bem como a sua relação com seu ambiente externo.

A estrutura por processos pode ser o meio que torna possível a conexão clara entre os desempenhos humano e organizacional. Isso traz benefícios enormes para as práticas de gestão de pessoas.

Especificamente no que se refere à remuneração, pode ser a base para a descrição de funções, substituindo o tradicional questionário ou entrevista que pergunta ao ocupante do cargo o que ele faz, como e por que faz.

Nos sistemas tradicionais, a descrição das funções de um determinado cargo fundamenta os demais subsistemas. É a base para a definição do perfil para seleção, para os itens da avaliação de desempenho, para a definição da posição hierárquica do cargo e da faixa salarial a que ele pertence.

Quando construídas com base nos processos, as descrições de funções formam um alicerce mais sólido e coerente para que a gestão de pessoas esteja alinhada à gestão da organização. Assim, ao adotar o modelo de gestão por processos, seria ideal que a empresa adotasse esse mesmo modelo para fundamentar a gestão de pessoas.

Estrutura organizacional – níveis de atuação

A estrutura organizacional também define a interação das atribuições e níveis de atuação inerentes às unidades organizacionais da empresa (Oliveira, 2007).

Tradicionalmente, a estrutura é verticalizada e subdividida em três grandes níveis de atuação, retratados na figura 6.

Figura 6
NÍVEIS DE ATUAÇÃO

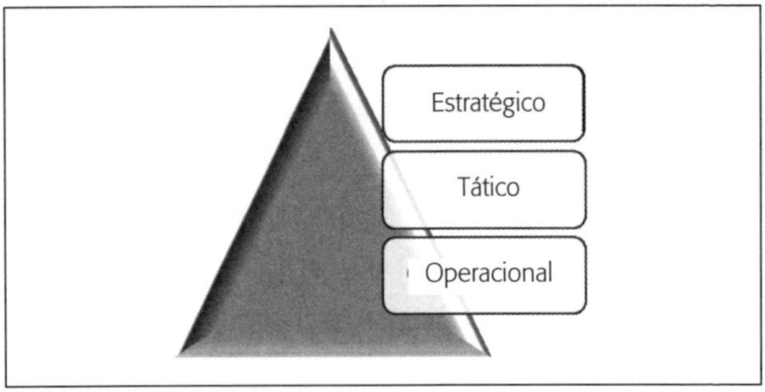

Nível estratégico

No nível estratégico concentram-se as responsabilidades pelos desempenhos e resultados corporativos, bem como as decisões de alto impacto nos negócios. Nesse nível são elaboradas as macroestratégias que, com uma visão mais de longo prazo, envolvem a sobrevivência e a perenidade do negócio. Neste nível há que se lidar em alto grau com variáveis não controláveis, como as questões macroeconômicas e movimentos mercadológicos, por exemplo.

Embora existam os defensores de uma abordagem participativa, o planejamento estratégico é composto por atividades que geralmente envolvem situações novas, não padronizadas, que demandam capacidade de abstração, análise e interpretação, intuição, projeção de cenários, além de visão abrangente da empresa e um conjunto diferenciado de competências. São situações para as quais profissionais da alta direção, geralmente, são melhor preparados.

É no nível estratégico que a missão e a visão de futuro devem ser definidas. Isso não significa, no entanto, que a alta gestão não deva considerar informações, ideias, opiniões de profissionais dos demais níveis para embasar sua visão e tomada de decisão.

Nível tático

No nível tático geralmente concentram-se os profissionais da média gerência: o grupo responsável pela transformação do plano estratégico macro em um plano de ações mais detalhado para a efetiva implantação do direcionamento fornecido pela alta gestão da organização.

O nível tático pode também ser chamado de funcional, por conter as várias funções, ou áreas, que compõem as organizações (marketing, produção, engenharia, controladoria etc.). Cada função ou área deve planejar suas ações, derivadas do direcionamento definido no nível estratégico pela alta gestão como um efeito cascata, considerando os processos pelos quais se responsabiliza.

Ao definir e implantar seus planejamentos, cada uma das áreas deve se entender como uma parte que compõe o sistema organizacional, considerando que os processos as unem numa relação de cliente-fornecedor interno.

Diferente do nível estratégico, o tático envolve a gestão de maior número de variáveis internas, consideradas controláveis, situações menos incertas, reduzindo o risco das decisões.

Nível operacional

No nível operacional concentram-se as ações para efetiva implantação do planejamento definido no nível tático para cada área. Envolve a execução das atividades e das tarefas inerentes aos processos específicos de cada área ou função.

Nesse nível as decisões são ainda mais pontuais e eminentemente técnicas, com caráter de curto prazo. As tomadas de decisões apresentam riscos reduzidos, pois geralmente são mais facilmente revisadas e corrigidas, envolvendo variáveis predominantemente internas.

A figura 7 representa as relações e atuações dos níveis estratégico, tático e operacional.

Figura 7

Relações e atuações dos níveis da estrutura organizacional

Deve-se enfatizar que a divisão entre esses tradicionais níveis (operacional, tático e estratégico) está cada vez mais difusa. Os limites se sobrepõem. A realidade vem mostrando que pensar, planejar e executar são responsabilidades de todos, independentemente do nível em que se encontram na estrutura organizacional.

O planejamento estratégico organizacional deve ser estratificado, distribuindo-se responsabilidades, objetivos e metas para cada uma das áreas da organização, de acordo com suas competências específicas.

Cada área deve estratificar suas responsabilidades, objetivos e metas para cada setor, equipes e pessoas que a compõem. Essas práticas tornarão possível o desenvolvimento e manutenção de um sistema eficaz de gestão de pessoas, bem como uma boa gestão do desempenho humano atrelado ao desempenho organizacional.

Uma estratificação bem-feita dos objetivos e metas organizacionais para objetivos e metas de áreas e pessoas constitui alicerce firme e consistente para a gestão de pessoas. Permite a definição de indicadores ou medidas de desempenho que orientam os trabalhadores. Os indicadores têm um papel crítico nos sistemas de remuneração, principalmente no que se refere à remuneração variável. Por essa razão, o tema merece uma seção exclusiva.

Indicadores de desempenho

Conforme afirma Hronec (1994), indicadores ou medidas de desempenho são sinais vitais da organização. Os indicadores informam às pessoas o que fazem, como está o seu desempenho, quais resultados seu trabalho gera e como contribuem para o alcance dos objetivos coletivos. Indicadores ou medidas de desempenho comunicam o que é importante para toda a organização.

De fato, observa-se atualmente uma crescente preocupação das empresas em definir indicadores de desempenho, dentro da crença de que, para gerenciar, é preciso medir. No entanto, é preciso muito cuidado no estabelecimento de metas e indicadores de desempenho, principalmente quando o alcance dessas metas implicar remuneração.

Jensen (2001), em seu artigo "Why paying people to lie?" (Por que pagar às pessoas para mentir?), publicado no *Wall Street Journal*, critica negativamente a remuneração variável na forma de bônus sobre metas. Justifica sua crença com vários casos reais, entre os quais o de um gerente de uma indústria de bens de capital que, por estar tão focado no alcance de suas metas, deu ordem para que um produto inacabado fosse despachado da sua fábrica na Inglaterra para o cliente na Holanda, pagando alto custo pela montagem do equipamento em depósito próximo ao local da entrega. Com isso, ele conseguiu registrar a venda no devido trimestre, em tempo de cumprir sua meta e garantir seu bônus, embora sua decisão tenha onerado a empresa e reduzido seu lucro.

Para Jensen (2001), o estabelecimento de bônus sobre metas alcançadas incentiva as pessoas a atingi-las a qualquer custo, mesmo que isso signifique prejuízos para a empresa.

Mesmo isso sendo verdade, a prática da remuneração por desempenho e alcance de metas vem crescendo nas organizações. Não se pode negar que a remuneração é um importante incentivo ao cumprimento de metas, embora não seja o único. Fica clara aqui a importância dos critérios na definição de indicadores de desempenho. Uma forma de minimizar o problema é trabalhar não somente com indicadores de resultado, mas também com indicadores de processo que revelariam a maneira como esses resultados foram alcançados, e seus efeitos colaterais. No caso relatado por Jensen (2001), por exemplo, um indicador de "custos" poderia trazer à luz a manobra do gerente responsável.

Os indicadores de desempenho são tanto mais eficientes quanto mais estiverem conectados aos objetivos e estratégias organizacionais, que devem fundamentar as práticas de gestão de pessoas nas organizações, como veremos a seguir.

Estratégia organizacional e gestão estratégica de pessoas

Largamente utilizada nas mais variadas situações, "estratégia" é uma palavra derivada de *stratego*, que na Grécia antiga significava general no comando de um exército, podendo ser entendida como a habilidade de empregar forças para vencer opositores e desenvolver um sistema único de governo.

No contexto organizacional, segundo Oliveira (1991), as estratégias empresariais têm por objetivo a definição dos caminhos que deverão ser seguidos, o estabelecimento e a implantação de planos de ações para que sejam alcançados os objetivos da empresa.

Na mesma linha, para Montgomery e Porter (1998), estratégia é um conjunto de ações ofensivas ou defensivas que visa criar uma posição defensável para enfrentar com sucesso as forças competitivas e obter um retorno maior sobre o investimento.

A compreensão do significado da estratégia organizacional é pré-requisito para que se possa compreender a necessidade de uma visão estratégica e o real papel da gestão de pessoas para as organizações no atual contexto de negócios.

Segundo Fischer (2002), o sistema de gestão de pessoas é a maneira como a empresa se organiza para gerenciar e orientar o comportamento humano no trabalho.

Então, um sistema de gestão de pessoas — composto por processos, políticas, normas e procedimentos — deve ser construído de maneira a direcionar o comportamento e o desempenho humano para a efetiva implementação das estratégias definidas para o alcance dos resultados planejados. Deve orientar os empregados para a concretização da *visão* de futuro, respeitando-se a *missão*, os *princípios* e *valores* organizacionais.

Muitos estudos indicam que desenhar o planejamento estratégico, no entanto, não é tão difícil quanto implementá-lo. As dificuldades de executar o que foi planejado são evidenciadas pelos estudos e experiências de Bossidy e Charan (2004), que há mais de 30 anos observam que os planos estratégicos, em geral, não funcionam na prática, e defendem que garantir a execução deveria fazer parte do planejamento estratégico.

Para os autores, a execução é o elo perdido entre aspirações e resultados.

A importância do envolvimento das pessoas na efetiva implementação do planejamento é evidenciada em outra pesquisa envolvendo 160 empresas. O projeto tinha por objetivo identificar por que algumas empresas sempre superam seus concorrentes, e quais estratégias, táticas, modelos e práticas de gestão recomendadas pelos grandes gurus e especialistas realmente faziam diferença (Haughton, 2006).

Os pesquisadores analisaram os registros de desempenho dessas empresas num período de 10 anos e se surpreenderam com a conclusão final: fazia pouca diferença se a empresa centralizava ou descentralizava, se implementava um ERP (*enterprise resource planning*) ou um CRM (*customer relationship management*). O que realmente importava não era o que a empresa escolhia implementar, mas sim que essa escolha fosse corretamente executada.

Nesse sentido, o papel da gestão de pessoas na definição de políticas e processos é crucial para direcionar o comportamento e o desempenho humanos para a efetiva execução dos planos estratégicos organizacionais. Porém, antes disso, para que os profissionais de gestão de pessoas possam cumprir bem o seu papel, o direcionamento estratégico deve ser bem-definido, claro e objetivo.

Dentro de uma lógica estratégica, a sequência seria:

- definição da visão de futuro;
- elaboração do plano estratégico para a concretização da visão — considerando o ambiente e os recursos internos (forças e deficiências) e o ambiente externo (forças de mercado, oportunidades e ameaças);
- definição de indicadores que permitam mapear competências e gerenciar o desempenho e a execução do planejamento para o alcance das metas e objetivos para a realização da visão;

- definição dos desempenhos e competências organizacionais, bem como das competências e desempenhos humanos necessários ao alcance dos objetivos planejados — o desenho da situação ideal para a empresa;
- investigação e mapeamento das competências e levantamento dos desempenhos com os quais a empresa conta no momento presente, seguida de uma análise comparativa entre a situação ideal e a situação real da empresa;
- adequação de todos os subsistemas de gestão de pessoas para que os comportamentos e desempenhos humanos levem a organização ao alcance de sua visão.

Tudo isso respeitando a *missão* e praticando os princípios e valores organizacionais, conforme representado no fluxograma (figura 8).

Figura 8
FLUXOGRAMA DA GESTÃO ESTRATÉGICA DE PESSOAS

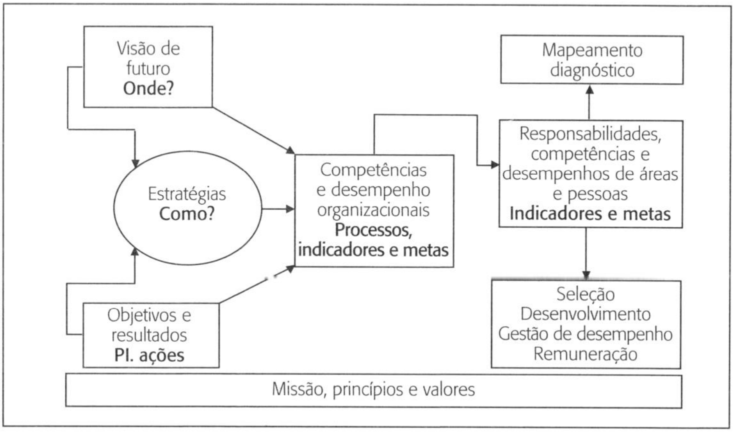

A *missão*, a *visão de futuro*, os *princípios e valores* organizacionais formam a base para o plano de ações estratégicas de uma empresa. Estes itens deveriam nortear a definição dos modelos de gestão, a elaboração das políticas e práticas escolhidas para direcionar comportamentos e desempenhos individuais e organizacionais.

No entanto, são frequentemente malformulados, tornando difícil, algumas vezes impossível, compreendê-los e traduzi-los em ações e mensurações. Além disso, verifica-se muita confusão conceitual em relação aos termos missão, visão, propósitos, princípios e valores.

Para Welch e Welch (2005:11), "essas palavras estão entre as mais abstratas, exploradas e distorcidas no mundo dos negócios". Welch descreve bem um fato que ocorre com muita frequência: as empresas reúnem seus executivos e geralmente dedicam grande tempo à tentativa de produzir um quadro de aspecto nobre para pendurar em suas recepções. Quase sempre esses exercícios terminam em um conjunto de banalidades genéricas que não significam nada e só servem para deixar seus empregados desorientados e descrentes.

Vamos então a alguns esclarecimentos quanto a esses significados, para alinharmos a linguagem e os entendimentos sobre esses itens.

Missão

Consideraremos aqui que missão é a razão de existir da empresa, o meio que escolhe para gerar sua receita. A missão reflete o papel da empresa perante os seus empregados, os acionistas e a sociedade.

Princípios e valores

Podem ser entendidos como um conjunto de posturas inegociáveis que norteiam os comportamentos e as relações no ambiente de trabalho. São elementos que posicionam as pessoas entre o "certo" e o "errado" dentro da cultura organizacional. Refletem o caráter de uma organização, dando coerência e unidade na sua relação com seus *stakeholders*.

A missão, os princípios e valores organizacionais devem ser claros, facilmente compreendidos, e vivenciados, principalmente pela alta gestão, para que possam ser praticados e vivenciados pelos empregados.

Visão

A declaração da visão deve ter o poder de transmitir a todos o futuro almejado pela organização, ou seja, seu objetivo de longo prazo. Deve orientar a organização, definindo claramente o norte para o qual todos os esforços devem ser direcionados visando à sua concretização.

Para que a visão seja capaz de cumprir seu papel, algumas premissas devem ser observadas:

- ela deve ser clara e de simples compreensão por parte de todos os empregados;
- deve ter prazo definido para ser alcançada;
- deve possibilitar sua tradução em um plano de ações, de forma que os processos para sua concretização sejam compreensíveis e gerenciáveis;
- deve possibilitar o estabelecimento de objetivos de curto e médio prazos e metas audaciosas e mensuráveis. Os objetivos estabelecidos no decorrer do prazo entre a comunicação da visão e sua concretização têm um papel importante: traduzem as etapas a serem vencidas, facilitando a gestão do desempenho da organização, equipes e pessoas. Além disso, propiciam oportunidades para celebrações de vitórias e conquistas intermediárias, contribuindo para a promoção de um clima estimulante e motivador;
- uma vez alcançada, outra visão deve ser estabelecida.

É importante diferenciar o significado desses dois termos — missão e visão —, muito confundidos na prática: a visão constitui o futuro a ser realizado pela organização, enquanto a missão comunica a sua identidade. A visão comunica para onde a organização vai. A missão comunica o que ela é.

A necessidade da *visão de futuro*, de uma maneira geral, é desconsiderada pelas empresas brasileiras. Falta ainda a consciência do seu poder direcionador e motivador. Segundo Santos (2006), essa falta de consciência pode ser devida ao despreparo gerencial, ou ao histórico de sucesso que algumas empresas tiveram sem abordar questões de planejamento, ou ainda ao caráter imediatista presente na cultura brasileira, que não cultiva a visão de longo prazo.

Enquanto a visão de curto prazo promove a sobrevivência da empresa no tempo presente, a de longo prazo privilegia o crescimento e o desenvolvimento organizacionais.

A visão de futuro é importante por constituir a base de todo planejamento estratégico, que orienta as atividades cotidianas de uma organização. Por essa razão, também deve ser a base que fundamenta o sistema de gestão de pessoas.

A estratégia organizacional é que determina quais ações, desempenhos e competências serão necessárias para sua implementação, e, por meio de um processo de aprendizagem contínua, as competências organizacionais e humanas se alimentam mutuamente em um círculo virtuoso.

Os objetivos (aonde a empresa quer chegar) e estratégias organizacionais (como pretende chegar) é que determinam quais ações, resultados, desempenhos e competências são necessários à sua implementação.

Cabem aqui algumas reflexões sobre "competências", um conceito que vem tomando corpo desde o final da década de 1990, como uma base mais adequada para os sistemas de gestão de pessoas em contraposição ao conceito de cargo, tradicionalmente utilizado.

Competências fundamentando sistemas de gestão de pessoas

O tema começou a ser debatido por psicólogos e administradores norte-americanos no início da década de 1970, com a publicação do artigo "Testing for competence rather than inteligence" (Testando por competências em vez de inteligência) de McClelland (1973). O autor define competências como características pessoais que podem levar ao desempenho de uma performance superior. Essas características são aptidões (talento natural, passível de aprimoramento), habilidades (aplicação prática de um talento) e conhecimento (o saber necessário para realizar algo). Porém, o debate sobre competências foi intensivamente fomentado por Prahalad e Hamel com a publicação do artigo "The core competence of the corporation" (A competência essencial da corporação), publicado em 1990 pela *Harvard Business Review*.

Dutra (2001, 2004) apresenta uma visão muito semelhante à de McClelland, definindo competências como um conjunto de conhecimentos (saber), habilidades (saber fazer) e atitudes (saber ser), que resulta em uma entrega ou em uma aplicação prática. O conceito de entrega origina os sistemas de remuneração variável, baseados em desempenhos e metas.

Vejamos então as principais diferenças entre os conceitos de cargo e de competências fundamentando o sistema de remuneração.

Os sistemas de remuneração são tradicionalmente baseados no conceito de cargo, isto é, os salários são definidos observando um conjunto de tarefas predefinidas para um determinado cargo. O processo inicia-se com a descrição das funções e tarefas que o ocupante do cargo deverá realizar. Esse trabalho é feito por meio de entrevistas ou questionários respondidos pelo ocupante do cargo, ou ainda pela observação do trabalhador no exercício das suas atividades. Essa descrição é posteriormente validada pelo gestor do ocupante do cargo.

A descrição, por sua vez, forma o processo de valoração e hierarquização dos cargos: cada cargo vai receber um conjunto de pontos que o colocará em uma posição hierárquica no conjunto dos existentes na empresa. Essa posição hierárquica vai determinar a faixa salarial em que ele será remunerado. Esse processo será tratado com maior profundidade nos capítulos seguintes.

Enquanto o sistema de cargos é desenhado "de baixo para cima", tendo início na tarefa, perguntando aos ocupantes o que, como e por que fazem, os sistemas baseados em competências são desenhados "de cima para baixo", iniciando pelo direcionamento estratégico do negócio, questionando a organização sobre sua missão, sua visão, seus objetivos, suas estratégias e quais as competências necessárias para que tudo seja alcançado.

A estratégia organizacional é que determina quais competências serão necessárias para sua implementação. As competências individuais, portanto, devem estar atreladas às organizacionais, as quais devem sustentar a estratégia organizacional (Fleury, 2002).

Assim, o conceito de competências vem crescendo como uma base mais adequada para a gestão estratégica de pessoas. Esta envolve a construção de métodos, processos, políticas e procedimentos para:

- a captação e desenvolvimento de pessoas competentes;
- a gestão do seu desempenho para o alcance de metas e resultados para a concretização da visão de futuro da organização;
- a compensação, o reconhecimento e a recompensa pelos desempenhos desejados;
- a manutenção de um clima estimulante e motivador.

Inegavelmente, o conceito de competências como base para os sistemas de gestão de pessoas tem se mostrado muito mais adequado à realidade atual das organizações. No entanto, é importante enfatizar, conforme defende Dutra (2004), que se trata de um tema ainda em construção, que tem sido objeto de pesquisas e experimentações.

A figura 9 ilustra a relação da gestão de pessoas com os objetivos e estratégias da organização.

Figura 9

Gestão de pessoas, objetivos e estratégias organizacionais

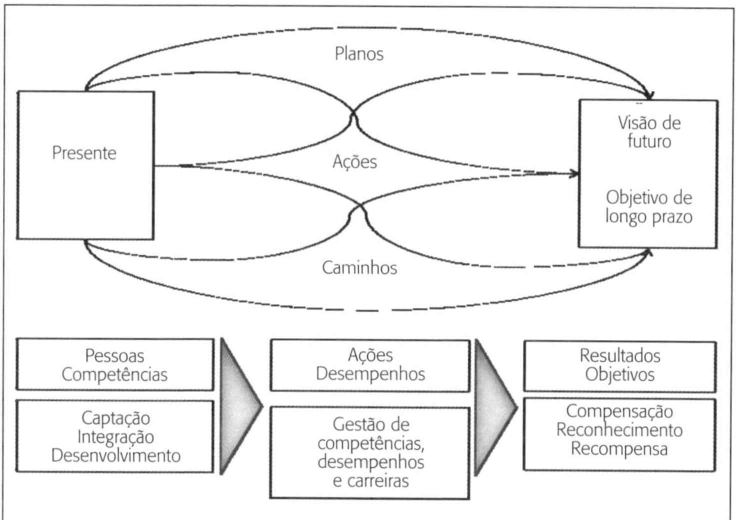

Parece uma relação lógica, mas a gestão baseada em cargo e a visão segmentada e mecanicista que domina o ambiente organizacional desde o início do século XX estão muito arraigadas na cultura organizacional.

Embora na prática empresas que investem em sistemas avançados e estratégicos de gestão de pessoas sejam ainda minoria, os avanços e as tendências são facilmente observáveis.

Os avanços devem acontecer, uma vez que o modelo do valor para o cliente se transfere do produto para o serviço. Como consequência, organizações precisarão contar cada vez mais com as competências humanas como fonte de vantagem competitiva, para ampliar sua capacidade de adaptação, de inovação, e para adicionar valor aos seus produtos. As organizações precisarão aumentar sua aposta na capacidade de aprendizagem, de adaptação, de decisão, de criatividade das pessoas que as integram.

Para enfrentar os desafios a que estão expostas, as empresas precisam de profissionais que vão além do prescrito, que façam escolhas, que tenham iniciativa, que tomem decisões, em vez de indivíduos limitados ao desempenho de tarefas predefinidas em uma descrição de cargo. A capacidade de aprendizagem constante é apontada como condição de sobrevivência para as organizações (Senge, 1990).

Os capítulos a seguir tratarão dos sistemas de remuneração dentro de uma abordagem voltada para sua aplicação prática, iniciando pela configuração de uma estrutura que caracterize a organização, sem perder de vista a técnica que a levará a uma maior produtividade, e finalizando com as possibilidades de modelos de recompensas financeiras que poderão ser adotadas, com base em instrumentos específicos, e que comporão estrategicamente o sistema de remuneração.

3

Estrutura de cargos

O capítulo 2 estabeleceu um paralelo entre as diversas fases e transformações ocorridas relativamente aos sistemas de remuneração nas organizações e a necessidade, atualmente compreendida e valorizada, de que esses aspectos sejam analisados sob uma visão sistêmica de gestão de pessoas.

Neste capítulo, então, iremos evoluir no que se refere às estruturas de cargos e como estes em geral são ou podem ser administrados nas empresas, sob uma ótica de aplicação prática dos conhecimentos aprendidos até então.

Avaliação da funcionalidade

A avaliação da funcionalidade de uma estrutura de cargos envolve alguns parâmetros que se destacam como essencialmente técnicos e que dificilmente são avaliados quando se precisa definir que produtividade se espera para uma determinada empresa.

Quando se define uma estrutura visando a uma compreensão sistêmica por parte do quadro funcional, portanto, não basta entender o que é feito em cada área ou unidade de trabalho e transportar essas informações para um formato de descrição. Muito ao contrário, precisamos verificar de que forma esses processos e essas atividades podem ser desenvolvidos ou executados dentro de uma determinada estrutura, de modo a que tragam maior e melhor produtividade para a organização.

Com foco nessas premissas, pode-se dizer que existem basicamente três grandes pontos que devem ser analisados e revistos, se for o caso, quando tratamos da estrutura organizacional de uma empresa: número de níveis, amplitude de controle e relação entre fornecedores e clientes internos e externos.

Número de níveis. O número de níveis de uma organização em geral é caracterizado pelo número de cargos estruturados verticalmente, do mais alto ao mais inferior, independentemente do peso ou salário que lhe é atribuído.

Por exemplo, imaginemos uma estrutura com a seguinte configuração: diretor-presidente, diretor comercial, diretor técnico, diretor administrativo, diretor financeiro etc. Gerente de tesouraria, gerente de planejamento financeiro, gerente de controladoria etc. Supervisor de contas a pagar, supervisor de contas a receber etc. Especialistas, analistas, assistentes, estagiários...

Podemos dizer que se todas as diretorias dessa empresa possuem a mesma composição de cargos, essa estrutura é configurada em quatro níveis: diretorias, gerências, supervisões e cargos técnicos ou administrativos necessários ao bom funcionamento da área.

Vários estudos, assim como a experiência vivenciada nessa área, indicam que o número de níveis de uma estrutura deve ser restrito, de modo a conseguir aproximar, o máximo possível, o poder decisório daqueles que se encontram na linha de base, e que, na maioria das vezes, mantêm um contato direto com os clientes externos, necessitando, portanto, de uma autonomia de decisão que lhes permita ser ágeis e apresentar resultados precisos e em conformidade com os direcionadores estratégicos da empresa.

Logo, quanto mais o executor dos processos essenciais estiver distante da cúpula da empresa, maior a possibilidade de existência de ruídos na comunicação ou de perda de agilidade das respostas, gerando insatisfação e possível perda dos clientes externos. Isso sem contar com a desmotivação daqueles que dependem dos trabalhos executados internamente.

Amplitude de controle. A amplitude de controle, já citada conceitualmente no capítulo 2, refere-se ao número médio de subordinados por gestor. Normalmente, quanto mais operacional é a área, maior pode ser a quantidade de subordinados, pois não há um comprometimento da complexidade no gerenciamento das pessoas que a compõem. Entende-se, atualmente, como contraprodutivo um número muito reduzido (um ou dois) de integrantes por equipe de trabalho. Entretanto, também não se deve exceder uma quantidade que impeça gerenciar adequadamente todas as questões relacionadas à gestão de pessoas, tais como: necessidades de treinamento, evolução na carreira, programação de férias etc.

Relação entre fornecedores e clientes internos e externos. Refere-se à compreensão e clareza quanto à relação entre os fornecedores e clientes internos e externos. Muito se tem observado em termos de dificuldade no correto entendimento dessa relação.

Na maioria das vezes, ocupantes de funções por vezes até estratégicas nas organizações desconhecem qual a real necessidade do desenvolvimento das atividades que se encontram sob sua responsabilidade, o que reforça que é preciso maior investigação para determinar se tais atividades devem ou não continuar a ser realizadas

Com a efetivação dessas averiguações, cresce a probabilidade de se configurar uma estrutura que seja mais adequada à funcionalidade e produtividade da empresa, lembrando que cada uma possui suas características e peculiaridades, o que nos impede de afirmar que uma mesma estrutura pode servir a mais de uma organização, sem antes se fazer a análise mais adequada e correta.

Após esses esclarecimentos, torna-se coerente e mais consistente a definição dos cargos que deverão compor a estrutura definida e a elaboração das respectivas descrições dos cargos.

Descrição dos cargos

A definição da estrutura dos cargos que compõem as organizações tem por finalidade a divisão de responsabilidades e a atribuição de papéis relativos à execução de cada grupo de atividades necessárias à obtenção dos objetivos estratégicos, táticos e operacionais da empresa.

Em geral, a formatação tradicional de uma estrutura remete à configuração de um organograma, onde se sugere que existem superiores que têm um maior conhecimento e uma maior autonomia de decisão sobre o assunto pelo qual são responsáveis, e subordinados, que executam as tarefas relativas àquele grande tema ou área de trabalho.

Até a década de 1990 ainda se encontravam, nas empresas, inúmeros organogramas cujos planos de cargos continham descrições com atividades específicas e restritas a um determinado assunto ou área de atuação.

Embora até hoje esse modelo seja valorizado por algumas organizações, o movimento de tentar reduzir a falta de mobilidade que esse tipo de descrição de cargo provoca vem encontrando cada vez mais espaço.

Evolutivamente, começou-se a perceber não só essa demanda, como também a necessidade de identificar soluções que pudessem minimizar os desvios de função e, consequentemente, os riscos trabalhistas a que se submetiam as empresas quando havia necessidade de realocação de profissionais para a execução de outros serviços que não aqueles contemplados em suas respectivas descrições, mesmo quando caracterizados pelo mesmo grau de complexidade e responsabilidade.

Nesse contexto surgiu o padrão chamado "cargo amplo", cuja configuração nos remete a uma flexibilidade de atuação por parte de seu ocupante, permitindo a este maior possibilidade de aprendizado de outros assuntos e maior desenvolvimento e qualificação, e à empresa, a possibilidade de rotatividade entre seus profissionais.

Apresentamos algumas características relacionadas aos cargos restritos e amplos para um maior entendimento sobre cada um desses modelos, de modo que você possa tomar uma decisão sobre o que é melhor frente à realidade de sua empresa.

Cargo restrito

Começar a entender o cargo restrito facilita a compreensão sobre os dois modelos, pois este, certamente, além de mais complexo, exige maior carga de informações do que o cargo amplo.

Até o final do século XX, era muito comum a utilização de uma descrição de cargo que contemplasse informações bastante específicas e detalhadas sobre o que deveria ser desenvolvido em uma determinada função.

A essa configuração dá-se o nome de cargo restrito, que, em geral, é constituído por sua missão, atividades, estrutura, formação, contatos; por vezes, ainda se inserem em sua composição os custos da qualidade e os possíveis tipos de desafios enfrentados.

Com o objetivo de melhor identificar cada um desses pontos, assim como facilitar a análise de superposições de atividades em áreas ou setores diferentes, podem ser desenvolvidos instrumentos de levantamento de dados dos quais constem perguntas que devem ser respondidas pelos ocupantes dos cargos e validadas pela chefia imediata do respectivo ocupante. Esse material facilita a consolidação das informações e dá uma visão geral da empresa, contribuindo para uma descrição de cargo mais fidedigna.

A descrição do cargo restrito, portanto, pode ser desenvolvida conforme o modelo apresentado a seguir, contendo: missão do cargo, atividades, estrutura, formação, contatos, custos e desafios.

Missão do cargo

A missão é a razão da existência de cada cargo. É fundamental, para a empresa e para o empregado que irá ocupar o cargo, que se saiba exatamente o que deverá ser feito, como irá fazer e por que irá fazer.

Atividades

Teoricamente, este item deveria considerar todas as atividades que compõem o cargo restrito; entretanto, as constantes mudanças tecnológicas e processuais impedem isso. No caso da utilização do cargo restrito, então, é hábito usar uma última atividade, que em geral é redigida de forma a contemplar "a realização de atividades similares a cargo da chefia".

Estrutura

Este item identifica a posição do cargo na estrutura da empresa, ou seja, qual o cargo imediatamente superior e que se caracteriza como sua chefia imediata, assim como se este cargo possui uma estrutura abaixo, a ele subordinada.

Formação

Neste item se encontram relacionados o nível de escolaridade desejado para o cargo, os cursos específicos e a necessidade de idiomas.

Contatos

Atualmente é muito importante saber quem são os fornecedores e clientes (internos e externos) de cada cargo, para que este possa ser posteriormente melhor avaliado em termos dos níveis de responsabilidade e complexidade exigidos, além de favorecer o desempenho do próprio ocupante.

Custos

Os custos, em geral, referem-se à responsabilidade do cargo sobre a administração dos custos que existem ou poderão surgir no desempenho da função. Alguns sistemas de avaliação de cargos por pontos, como será visto posteriormente, utilizam este item como fator de avaliação dos cargos nas empresas.

Desafios

Da mesma forma que ocorre com os custos, tem se mostrado interessante relacionar quais são os maiores desafios do cargo, já que essa informação pode impactar a sua avaliação.

Ao final deste capítulo você pode perceber a formatação prática de uma descrição de cargo restrito que, como verificado, possui a grande vantagem de permitir ao ocupante uma visualização concreta e normalmente completa de quais são suas responsabilidades. Porém, por ser bastante detalhado, pode trazer para as empresas algumas dificuldades operacionais, como também alguns problemas, inclusive de âmbito trabalhista, caso haja a necessidade de realização de outras atividades não contempladas na descrição.

Outro aspecto importante refere-se às possibilidades de evolução, na medida em que raramente se constroem carreiras em estruturas formadas por cargos restritos, prejudicando o desenvolvimento intelectual, prático e salarial de seus ocupantes.

Em função desses aspectos, embora se tenha iniciado há décadas, apenas há poucos anos as organizações descobriram a oportunidade de utilização do cargo amplo, cujas características serão detalhadas na próxima seção.

Cargo amplo

O cargo amplo, como o nome indica, pressupõe a possibilidade de realização de uma diversificação de atividades por profissionais que ocupam um cargo de igual denominação, sem, entretanto, desconfigurar o grau de complexidade da função.

À medida que permite essa maior amplitude, não se pode ou não se deve inserir uma grande quantidade de dados e informações, pois estes provavelmente não contemplariam todas as atribuições passíveis de realização.

Em geral, a adoção do cargo amplo é associada ao modelo de gestão por competências, pois ele normalmente permite uma evolução caracterizada por estágios ou níveis de desenvolvimento. Exemplo: analista júnior, pleno e sênior, ou analista I, II, III, IV, sem que, entretanto, se relacione qualquer modificação na descrição. O que vai diferenciar é a evolução do ocupante frente ao perfil de competências de cada nível/estágio do referido cargo.

O cargo amplo geralmente é utilizado para toda a organização (exemplo: analista) ou dividido por área-fim — aquela que caracteriza todas as atividades essenciais da empresa — e área-meio — aquela que congrega todas as demais atividades que dão suporte à realização das atividades relacionadas ao negócio da empresa.

Para entender melhor, pode-se utilizar como exemplo uma empresa de tecnologia da informação. Nesse contexto, os cargos associados ao desenvolvimento, manutenção, suporte, *help desk* e outros que estejam diretamente relacionados ao negócio "tecnologia da informação" podem se transformar em um único cargo, desmembrado em estágios de desenvolvimento ou níveis de carreira.

Nesse modelo, cargos normalmente utilizados — analista de sistemas, analista de suporte, analista de infraestrutura e outros similares — transformam-se em um único cargo: analista de tecnologia da informação, podendo se subdividir em júnior, pleno e sênior, ou I, II, III, IV etc.

A carreira definida para a área-meio pode abranger todas as demais funções existentes na empresa, desde que estas sejam necessárias e se caracterizem como atividades de sustentação do negócio da organização. Seguindo-se o mesmo exemplo, poderíamos ter um cargo denominado analista de gestão ou similar, que abrangeria os cargos cujos títulos normalmente são analista de marketing, analista financeiro, analista de RH, e todos os outros que fazem parte da estrutura.

O maior cuidado que se deve ter na adoção de uma estrutura composta por cargos amplos refere-se à descrição correta de suas atividades, da forma mais genérica possível, porém sem perder o foco da atribuição.

Os itens que compõem a descrição do cargo amplo englobam a missão, as atribuições essenciais e os requisitos básicos. Vejamos:

Missão

Desenvolvida de forma similar à descrição do cargo restrito, com a única diferença de que não se descrevem detalhes que possam caracterizar apenas uma ou poucas áreas de atuação.

Atribuições essenciais

As atribuições do cargo amplo são descritas de forma bastante genérica, como citado, evitando-se a distinção da atividade por área.

Requisitos básicos

Os requisitos em geral relacionam o nível de formação necessário à ocupação do cargo, além de alguma especificidade que possa ser fundamental a todos os seus ocupantes.

A grande vantagem da opção pela adoção do cargo amplo refere-se principalmente à possibilidade de mobilidade entre as áreas e consequente oportunidade de desenvolvimento para seus ocupantes.

A definição de uma carreira baseada na evolução das competências também pode ser considerada como uma grande contribuição para a melhoria da comunicação e da transparência nas organizações.

Assim como foi feito para o cargo restrito, ao final do capítulo pode ser visualizado um modelo de descrição de cargo amplo.

Avaliação de cargos

A avaliação dos cargos existe para que se possa entender, em cada empresa, o nível de complexidade e responsabilidade das funções existentes, ou seja, para que se possa estabelecer o tamanho de cada cargo, com base na descrição elaborada e, consequentemente, compará-lo aos demais cargos da estrutura em termos da sua relevância para a organização.

Quando se consegue arrumar uma estrutura na qual os cargos se encontram dispostos conforme a sua importância para a empresa, é mais fácil verificar o valor relativo de cada um deles e adotar uma forma justa de remunerar os respectivos ocupantes por isto. Podemos visualizar melhor essa situação no exemplo do quadro 2.

Quadro 2
ESTRUTURA DE CARGOS

Nível	Área		
	Seleção	Treinamento	Remuneração
5			
4			Analista de remuneração II
3	Analista de seleção II	Analista de treinamento II	Analista de remuneração I
2	Analista de seleção I	Analista de treinamento I	
1			

Imaginando que a empresa tenha cinco níveis de cargos, o que corresponde a cinco níveis de salários, conforme apresentado no quadro 2, após uma avaliação das descrições dos seis cargos, entende-se que os cargos analista de seleção I e analista de treinamento I são menos complexos que o cargo analista de remuneração I que, por sua vez, possui o mesmo nível de importância que os cargos de analista de seleção II e analista de treinamento II.

No caso de adoção de uma estrutura composta por cargos amplos, a própria carreira define a importância dos cargos, sendo os respectivos salários estabelecidos com base nos valores praticados pelo mercado e na saúde financeira da empresa. Por exemplo, o que vai diferenciar os níveis I, II e III de um analista de tecnologia da informação em uma empresa de informática é a quantidade de competências e a qualidade do desempenho de seus ocupantes.

Entretanto, quando se utilizam cargos restritos, torna-se necessário pensar em uma maneira de equalizar melhor os salários pagos, de modo a evitar injustiças e, consequentemente, riscos trabalhistas e, pior ainda, perdas de profissionais imprescindíveis ao desenvolvimento do negócio.

Considerando-se que a avaliação dos cargos é um processo de análise e comparação do seu conteúdo, ou seja, é um processo que verifica a consistência interna dos cargos em uma estrutura representativa da empresa, a utilização de um método que traga maior coerência passa a ser imprescindível ao gerenciamento das questões relativas ao assunto.

Existem alguns métodos que permitem a avaliação dos cargos de uma empresa. Uns são considerados não quantitativos, como o *ranking* ou escalonamento, e o método das categorias predeterminadas. Nestes, as comparações são feitas cargo a cargo.

Outros são entendidos como métodos quantitativos, tais como a comparação por fatores e o sistema de pontos, quando os cargos são desmembrados em partes e estas são comparadas como se fossem únicas, compondo-se ao final um total numérico que indica, por meio da pontuação obtida, quais cargos são maiores, bastante similares ou menores que outros.

Embora atualmente os métodos de escalonamento e sistema de pontos sejam os predominantemente utilizados pelas organizações, em função da propriedade apresentada, da simplicidade ou da confiabilidade, citaremos aqui algumas características, vantagens e desvantagens desses quatro métodos, de forma que você possa fazer suas próprias análises e avaliações.

Ranking *ou escalonamento*

Esse método é bastante simples e pode ser feito por meio da análise comparativa de todos os cargos, de forma global, definindo a importância de cada cargo de acordo com o tamanho que se considera ter cada um deles.

Pode-se ainda estabelecer um critério que seja relevante para a empresa e definir qual o cargo que mais utiliza aquele critério e qual o que menos o utiliza, ranqueando todos os demais entre esses dois, que servirão de modelo de comparação.

Não se pode esquecer que há a possibilidade de encontrarmos cargos de diferentes áreas, ou até da mesma área de atuação, que apresentam o mesmo tamanho quando comparados. Como exemplo, podemos citar os cargos de gerente de produção e gerente técnico; o primeiro desenvolve o produto a ser comercializado, mas o segundo é quem o mantém em funcionamento adequado. Quando avaliados pelo objetivo de satisfação do cliente em uma determinada empresa, segundo o método do escalonamento, provavelmente ambos terão a mesma importância e, consequentemente, o mesmo peso na estrutura.

O método de escalonamento deve ser utilizado nas organizações em que o número de cargos é pequeno o suficiente para não gerar desvios significativos ou dúvidas relevantes quanto ao grau de complexidade e responsabilidade de cada um deles, de modo a poder compará-los com o menor risco possível.

As grandes vantagens desse método podem ser traduzidas pela sua simplicidade e rapidez, além do baixo custo, já que não envolve uma quantidade significativa de recursos humanos. Entretanto, para executá-lo não se pode esquecer a elevada possibilidade de existência de erros e o consequente baixo grau de precisão, o que pode comprometer os resultados e gerar sérios problemas de desmotivação ou riscos trabalhistas.

Embora esse método possa ser desenvolvido e trabalhado em seus aspectos básicos, inclusive no que tange às avaliações, os resultados sempre deverão ser validados por um grupo multifuncional, composto por integrantes de todas as áreas representativas da empresa.

Categorias predeterminadas

Nesse método os cargos existentes na estrutura são divididos em categorias predeterminadas, tais como: cargos de supervisão, especialistas, operacionais, entre outros, e escalonados simultaneamente em cada uma delas, até se ter o posicionamento final de todos os cargos da organização.

Embora simples e de efetivação rápida, esse método tem sido bem pouco utilizado, devido à impossibilidade de se executar mudanças na natureza e no conteúdo dos cargos sem gerar uma grande carga de trabalho operacional, em função da necessidade de se executar um novo escalonamento.

Comparação por fatores

Existe uma semelhança desse método com a metodologia do *ranking*, porém neste, em lugar de se comparar os cargos em sua composição total, são estabelecidos fatores que servirão de critério de avaliação.

Geralmente esse método era bastante utilizado no ambiente fabril e se valia, na maioria das vezes, de cinco fatores: requisitos mentais, habilidades requeridas, requisitos físicos, responsabilidade e condições de trabalho.

Após a definição dos fatores e de seus significados, são escolhidos cargos de referência, normalmente aqueles que constituem os cargos essenciais da organização. Para cada um desses cargos os fatores são escalonados, ganhando um percentual em função do seu grau de importância.

Ao final de todo esse processo comparativo, pode-se elaborar uma matriz onde se consegue visualizar a comparação cargo a cargo, e o peso de cada um no contexto da empresa.

Como pode ser visto, não é um processo muito simples ou de fácil execução. Costuma ser ainda (embora pouco) utilizado para cargos mais operacionais, devido à sua confiabilidade. No entanto, possui a desvantagem de se encontrar um mesmo cargo definido em diversos níveis de complexidade (cada fator em um nível), o que prejudica a decisão final. Por fim, a grande necessidade de análises e ajustes colocou esse método quase em desuso nos dias atuais.

Avaliação por pontos

O sistema de pontos, ao contrário do escalonamento, pode e deve ser utilizado quando o número de cargos a serem avaliados for tal que possibilite maior risco de erro, caso os analisemos com base apenas em um critério de avaliação, sem a sustentação de uma forma de mensuração mais fidedigna e concreta.

Geralmente é o mais utilizado nas organizações. Também precisa da definição prévia de fatores, mas para cada classe de fator são atribuídos pontos. O peso do cargo é estabelecido com base no total de pontos que lhe são atribuídos.

Por ser mais elaborado, vale explicar de forma mais clara quais são os quatro passos que compõem esse sistema.

- *Passo 1:* definir que fatores são os mais importantes para a empresa e que podem ser utilizados para a avaliação de todos os cargos. Visando a uma maior fidedignidade e confiabilidade da avaliação, esses fatores deverão obrigatoriamente estar alinhados aos direcionadores estratégicos da empresa, de forma a se mensurar aspectos dos cargos que estejam em conformidade com o que é imprescindível para a manutenção do negócio da organização.

O ideal nesse sistema é que o número de fatores não seja inferior a três, para não deixar de contemplar pontos importantes e que distinguem um cargo do outro; mas que também não ultrapasse seis, para não prejudicar a operacionalização do processo. Exemplo: fatores A, B e C.

Fatores de avaliação	Fator A	Fator B	Fator C

- *Passo 2:* imaginando que o máximo de pontos para o maior cargo em uma empresa seja 100, que peso terá cada um desses fatores, lembrando que a soma dos máximos possíveis em cada fator não poderá ultrapassar 100? Ou seja, pode ser que cheguemos à conclusão de que, apesar de termos identificado três fatores preponderantes para avaliação, o fator A é duplamente mais pesado que os demais, o que nos leva a atribuir um peso 2 para ele.

Na prática, isso significaria dizer que o fator A teria um máximo de 50 pontos e os fatores B e C, somados, também um máximo de 50 pontos.

Fatores de avaliação (100 pontos)	Fator A Peso 2 = 50 pontos	Fator B Peso 1 = 25 pontos	Fator C Peso 1 = 25 pontos

- *Passo 3:* o sistema de pontos permite ainda um desmembramento de cada fator estabelecido em subfatores. Exemplo: o fator A pode ser dividido em A-1, A-2, A-3, e assim sucessivamente, caso seja necessário.

Imaginemos que esse fator seja relativo à necessidade de formação que o cargo exige. Poderemos dizer que o nível fundamental exigirá um número "x" de pontos, o nível médio um número maior de pontos, até o nível máximo, que deverá ser de 50 pontos, conforme exemplificado anteriormente.

Fatores de avaliação (100 pontos)	Fator A Peso 2 = 50 pontos	Fator B Peso 1 = 25 pontos	Fator C Peso 1 = 25 pontos
	Subfator A1 = 50 pontos	Subfator B1 = 25 pontos	Subfator C1 = 25 pontos
	Subfator A2 = 40 pontos	Subfator B2 = 15 pontos	Subfator C2 = 15 pontos
	Subfator A3 = 30 pontos	Subfator B3 = 5 pontos	Subfator C3 = 5 pontos

- *Passo 4:* a avaliação de cada cargo com base na soma dos pontos em cada fator definido e o enquadramento na tabela de níveis previamente elaborada estabelece o final do processo.

Cargos	Fatores			Total de pontos
Cargo X	Fator A = 30	Fator B = 5	Fator C = 15	50
Cargo Y	Fator A = 40	Fator B = 25	Fator C = 15	80
Cargo Z	Fator A = 40	Fator B = 15	Fator C = 25	80

Como se pode perceber, após a avaliação efetivada por meio do sistema de pontos, os cargos Y e Z possuem o mesmo peso e importância na organização, enquanto o cargo X é de menor importância.

A grande vantagem desse método é a precisão dos resultados obtidos por meio de sua utilização, tornando-o bastante confiável e justo, gerando uma tomada de decisão mais equilibrada e correta.

Mais uma vez, é importante lembrar que a avaliação de cargos pode ser efetuada pelo profissional de cargos e salários, mas sua validação deve sempre ser feita por um comitê da empresa, composto por membros das diversas áreas, para evitar ou reduzir qualquer tipo de falha ou distorção.

A presença desse comitê assegura de imediato dois grandes objetivos do processo de avaliação de cargos, sendo um no nível técnico e outro em âmbito político, na medida em que minimiza os possíveis erros de avaliação e cria uma garantia de aceitação/manutenção das avaliações, pois foram feitas ou validadas por profissionais da própria área de atuação.

Essencial: a avaliação dos cargos, como diz o nome, avalia *cargos*, e não *pessoas*. Portanto, no momento em que as avaliações estiverem sendo feitas, devemos pensar apenas nos requisitos dos cargos, e não nos atributos de seus ocupantes.

Ao se utilizar os cargos restritos, portanto, não se consideram os ocupantes ou sua evolução no cenário onde se encontra a organização, e sim os processos e atividades que devem ser executados.

Em contraposição a esse modelo, segundo Bohlander, Snell e Sherman (2005), as empresas que operam em ambientes propícios a mudanças frequentes podem adotar a abordagem baseada nas competências, onde a ênfase é colocada nas características dos colaboradores que têm bom desempenho, e não nas atribuições específicas do cargo que ocupam.

Perfis de competências

Os perfis de competências, atualmente, tornaram-se pontos de discussão quando se trata de reavaliar ou desenvolver um plano de cargos, carreiras e salários. Até aproximadamente a década de 1990, o foco desses planos consistia na descrição dos cargos. Todas as decisões para atribuição de remuneração, processos seletivos e avaliações de desempenho tomavam por base as atividades e responsabilidades que constavam da referida descrição, o que caracterizava uma valorização da necessidade de capacitação técnica que deveria ter o respectivo ocupante.

O advento do cargo amplo trouxe modificações significativas a esse processo de gestão de pessoas nas organizações. Na medida em que as descrições retratam as atribuições essenciais e o fazem de forma genérica, de modo a preservar e incentivar a mobilidade dos colaboradores entre os diversos setores e áreas de trabalho, torna-se necessária a utilização de outro método que permita não só identificar a posição do ocupante na estrutura da empresa, como também permear e balizar os processos seletivos, as avaliações de desempenho (como instrumento de desenvolvimento) e a própria evolução na carreira.

Nesse contexto o modelo de gestão de pessoas por competências veio atender a essas lacunas e, principalmente, trazer maior objetividade aos processos relacionados aos recursos humanos, pois consegue identificar quais conhecimentos, habilidades e atitudes são imprescindíveis no perfil do ocupante para que ele apresente um bom desempenho no cargo que ocupa, e não apenas o nível de aprendizado técnico possuído.

Logo, competências podem ser traduzidas por:

- conhecimentos — conhecimentos técnicos necessários ao desenvolvimento das atividades da área de trabalho. Pode-se dizer que este pilar do modelo de gestão por competências refere-se ao "saber fazer", ou simplesmente "saber", como preferem alguns autores;
- habilidades — nem sempre o fato de se adquirir um novo aprendizado significa que conseguimos executar uma atribuição com a qualidade desejada ou obter o resultado anteriormente previsto. Muitas vezes é preciso ter algumas características que favoreçam o processo de consecução dos objetivos de trabalho delineados. A estas chamamos de habilidades, ou seja, a capacidade que se tem de "poder fazer" aquilo que se encontra sob nossa responsabilidade;
- atitudes — as atitudes referem-se à vontade ou à predisposição que precisamos ter para fazer com que algo aconteça ou seja desenvolvido em conformidade com os parâmetros estabelecidos. O "querer fazer" por parte dos colaboradores de uma equipe é condição fundamental para o sucesso de qualquer área de trabalho.

Podemos já perceber, então, que mais do que o conhecimento técnico, é importante que as pessoas tenham as condições e o desejo de fazer com que as atividades sejam efetuadas dentro do previsto. Assim sendo, nada melhor do que identificar quais são as características, o que significa estabelecer o perfil de competências dos cargos que compõem a estrutura da organização.

Provavelmente você esteja se perguntando: "E quando os cargos são descritos na configuração de cargo amplo e as respectivas descrições são elaboradas de forma genérica, como poderei definir um perfil de competências que contemple esses três grupos de características?"

A resposta é simples. É fato que os perfis de competências dos cargos restritos são mais fáceis de definir, pois pensamos apenas naquelas atribuições específicas.

Quando tratamos dos cargos amplos, precisamos ter mais cuidado, porque os cargos de mesma denominação e que possuem o mesmo peso em termos de responsabilidade e complexidade de tarefas terão um mesmo perfil de competências, e este deve abranger todos os campos de atuação que os possuam em seu quadro de lotação.

Embora se possa agrupar as funções por área de atuação ou por afinidade de atividade, gerando algumas atribuições e, por consequência, algumas competências que se adequarão a todas, a grande diferenciação, na maioria das vezes, se dará pela necessidade de conhecimentos especializados ou específicos, pois estes definirão as competências técnicas necessárias ao desenvolvimento das tarefas, baseadas no aprendizado requerido.

Desenvolvimento nas carreiras

A perspectiva de desenvolvimento nas carreiras tem se caracterizado como um dos fatores que mais influenciam o movimento dos profissionais entre uma empresa e outra.

Se anteriormente o salário era o principal aspecto observado por candidatos a emprego, atualmente a possibilidade de evoluir na carreira tornou-se mais significativa e frequente.

As pessoas hoje entendem que não adianta terem o salário aumentado se não tiverem oportunidades de progresso nessa remuneração recebida, assim como também nos benefícios e programas de participação muito utilizados nas organizações. Estes, além de se terem transformado em uma ação legal (Lei nº 10.101, de 19 de dezembro de 2000), garantem o envolvimento dos respectivos sindicatos, que, retomando seu espaço nas organizações, demonstram preocupação em encontrar opções que possam, de uma forma justa, garantir a reciprocidade à contribuição dada pelos colaboradores.

Nesse sentido, e mais uma vez, os perfis de competências mapeados para os cargos de uma estrutura organizacional vêm contribuir para uma administração mais consistente e equilibrada.

Ao se definir que competências são mais adequadas para cada cargo, já se pode identificar que ações os colaboradores podem buscar para seu autodesenvolvimento.

Simultaneamente, as mesmas competências deverão ser observadas e exigidas pelos gestores, que terão a possibilidade de verificar o grau de evolução de seus subordinados e a sua elegibilidade a algum tipo de crescimento ou desenvolvimento na empresa.

Normalmente essa evolução funcional pode ser feita de duas maneiras: a progressão ou a promoção. Considera-se como progressão o crescimento salarial do colaborador, com base em um acréscimo ou melhoramento nas competências, embora o nível de maturidade ainda não atinja a complexidade do cargo superior ao ocupado.

A promoção, por sua vez, já pressupõe um aumento ou enriquecimento na aquisição e aplicação das competências características daquele cargo, a um nível que permite entender que o colaborador já possui o grau de maturidade funcional e psicológica para ocupar um cargo de maior complexidade e, consequentemente, maior peso na estrutura.

Entretanto, no contexto atual, as tendências adotadas pelas empresas para o plano de carreira de seu quadro funcional, em nível mundial, é a adoção não só das competências, mas também de fatores de desempenho, como aproveitamento dos programas de capacitação e, em especial, dos resultados alcançados, quando estes podem ser mensurados, gerando maior credibilidade no sistema. A avaliação de desempenho como processo também vem sendo bastante utilizada como ferramenta de gestão para gerenciar a evolução dos profissionais nas organizações.

Definidas essas diretrizes, já se pode estabelecer o plano de cargos e carreiras das empresas, cujos critérios serão vistos a seguir.

A elaboração de um plano de cargos

O plano de cargos de uma empresa deve ser abrangente e considerar em sua composição alguns aspectos que contribuem para seu entendimento e implantação. São eles:

- estrutura da empresa (organograma);
- descrição dos cargos (todas as suas descrições, com as respectivas avaliações);
- *ranking* dos cargos (disposição geral dos cargos em função da estrutura definida);
- lista de todos os cargos, preferencialmente por área, em ordem decrescente ou crescente de nível, com seu código de classificação. Este código deve englobar: código da área de atuação (exemplo: PA — plano administrativo; PC — plano comercial etc.); código do cargo na empresa (exemplo: 1; 2; ...; 26; ...);

e o código pertinente ao Código Brasileiro de Ocupação (CBO), exigido pelo Ministério do Trabalho. Essa classificação geral, além de não expor a empresa a riscos, facilita a atuação do departamento de pessoal, já que o mesmo deve constar da documentação do empregado admitido.

Este plano contribui também para a elaboração ou definição de um plano de carreira ou sucessões, já que a organização poderá verificar, com o plano de cargos, que tipo de carreira cada empregado poderá seguir, e o que será necessário para atingi-la.

Veja, a seguir, exemplos de modelos de descrição de cargos: o restrito e o amplo.

Modelo de descrição de cargos — cargo restrito

Título do cargo: gerente administrativo-financeiro

Missão. Este cargo é responsável pelo gerenciamento das atividades financeiras, contábeis, fiscais e administrativas da empresa, pela análise e planejamento financeiro, monitoração das contas a pagar/receber, análise fiscal e confiabilidade dos dados contábeis, bem como o acompanhamento dos processos administrativos da organização, coordenação das rotinas de pessoal, manutenção e conservação da empresa, visando ao funcionamento adequado da organização e ao alcance dos objetivos de negócio.

Principais atividades:

- desenvolvimento, estabelecimento e gerenciamento das diretrizes e estratégias para o setor;
- elaboração e análise de relatórios gerenciais e administrativos;
- controle, liberação e análise de crédito;

- levantamento de dados contábeis;
- monitoramento do sistema de informática que interliga todos os setores da empresa;
- monitoramento das atividades relativas à rotina de pessoal;
- monitoramento dos serviços de administração predial (telefonia, manutenção, limpeza e conservação).

Estrutura. O ocupante deste cargo reporta-se ao diretor superintendente e possui como subordinados: assistente de tesouraria/contas a pagar, assistente de contas a receber, analista financeiro, analista fiscal e de custos e supervisor de administração pessoal.

Formação. Para desempenho deste cargo o ocupante deverá ter formação superior em administração de empresas, ciências contábeis ou economia, com conhecimentos do mercado financeiro, custos e área tributária, além de inglês técnico.

Contatos:

- *fornecedores internos* — gerência comercial para repasse das informações sobre resultados das vendas efetivadas;
- *fornecedores externos* — entidades financeiras para movimentação financeira da empresa;
- *clientes internos* — todas as áreas da empresa para atendimento das necessidades de serviços administrativo-financeiros;
- *clientes externos* — não há clientes externos para este cargo.

Custos. Erros nas tomadas de decisões, seja no campo administrativo ou financeiro, podem causar prejuízos financeiros, queda de rendimento, entraves administrativos e problemas na operacionalização dos diversos setores, impactando na qualidade dos serviços.

Desafios. O maior desafio deste cargo consiste em se manter atualizado sobre os movimentos do mercado financeiro, identificando oportunidades, adequando recursos disponíveis e mantendo o orçamento dentro dos limites aceitáveis pela receita existente, bem como entender e atender às necessidades administrativas dos demais setores da empresa.

Modelo de descrição de cargos — cargo amplo

Título do cargo: assistente de suporte à gestão

Missão. Conduzir e realizar atividades de suporte técnico e administrativo auxiliar, por meio da execução de procedimentos específicos e do controle de documentos, visando facilitar a gestão de pessoas, processos e resultados da empresa.

Atribuições essenciais:

- realizar procedimentos específicos à sua área de atuação, em consonância com as necessidades do setor e da empresa;
- preparar, controlar, analisar e distribuir materiais e documentos necessários ao funcionamento de sua área de atuação;
- examinar, organizar e conferir processos, informações e relatórios em seu âmbito de atuação;
- efetuar levantamentos, controles e registros relativos à sua área de atuação;
- fornecer informações aos clientes internos e externos, com base em análises efetuadas em seu âmbito de conhecimento;
- executar e orientar tecnicamente serviços e equipes auxiliares necessárias ao desenvolvimento das tarefas de sua área de trabalho.

Concluindo este capítulo, lembramos que é preciso aplicar uma forma de remuneração que contemple adequadamente as necessidades de valorização e retenção dos empregados, o que será detalhado no próximo capítulo.

4

Remuneração

As constantes mudanças no cenário econômico, social, legal e, consequentemente, organizacional pelas quais as empresas modernas vêm passando exigiram uma atitude de revisão dos modelos de gestão de pessoas. Suas políticas, programas, sistemas e procedimentos passaram a ser, necessariamente, alvos de atenção no dia a dia dos administradores.

Nesse contexto, o sistema de remuneração tem papel fundamental, de destaque, e deve ser amparado pela inovação e por efetivas práticas de ajuste e adaptação às necessidades do negócio.

Entender o movimento habitual do mercado de trabalho passou a ser crítico para o sistema de remuneração, como ferramenta de atração e retenção de talentos, bem como diferencial no contexto organizacional, incluindo-se a gestão do desempenho, do conhecimento e do potencial humano.

Destaca-se como ferramenta importantíssima no sistema de remuneração, e talvez a sua primeira etapa, a pesquisa salarial, apresentada no capítulo 5.

Fatores que condicionam os salários

Falar sobre remuneração não é apenas apresentar recomendações de modelos técnicos ou sugerir estrutura salarial tecnicamente adequada ao negócio. É necessário perceber e considerar alguns fatores. São eles:

- cenário econômico/social;
- características do segmento de atuação da empresa;
- o conhecimento necessário aos cargos para o desempenho do negócio;
- filosofia, política e procedimentos adotados pela empresa;
- as relações sindicais e os acordos sindicais.

Cenário econômico e social do Brasil

O Brasil passou por diversas mudanças e adaptações rumo a uma economia estável, e hoje apresenta expressivos sinais de sucesso. Todavia, alguns fatores são importantes e precisam ser destacados.

O "custo Brasil" ainda é um fator que influencia o posicionamento dos empresários brasileiros. Não podemos deixar de destacar o desafio da alta carga tributária, o controle dos juros, o desemprego, a instabilidade cambial, a distribuição de renda, a segurança, a educação etc.

Por outro lado, ao atentar para as oportunidades de melhoria nos setores, encontramos fusões, aquisições, privatizações ou mesmo alianças que traduzem uma estratégia de maior competitividade por custos, abrangência de mercado e reorganizações que objetivem um melhor posicionamento junto aos resultados esperados.

A modernização das relações de trabalho, ao longo dos últimos anos, tem tentado aproximar os fatores econômicos, socioculturais e de negócio, mas ainda é percebido um distanciamento dos modelos gerenciais, que sempre requerem muita atenção do topo organizacional.

Segmento de atuação da empresa

As questões relativas ao segmento de atuação da empresa passam primeiramente pelas suas características e, consequentemente, pelos níveis de sucesso que esse segmento tem como potencial.

É fundamental a definição, por parte da empresa, de um posicionamento junto ao mercado de que participa. Identificar e escolher forças competitivas, suportando uma estratégia de atuação, deve ser um fator crítico e alvo de muita dedicação do corpo diretivo e gerencial das organizações.

Conhecer a concorrência, ou seja, aqueles que disputam o mercado, identificar quais as tendências e possíveis entrantes no médio e longo prazos, estabelecer modelo de relacionamento com fornecedores, clientes e fontes de produtos são elementos vitais para o posicionamento estratégico.

Usando um modelo clássico de análise estratégica de negócio proposto por Michael Porter (1989), as organizações devem adotar uma das três estratégias genéricas:

- liderança em custos;
- diferenciação;
- foco.

Percebemos que qualquer que seja a estratégia adotada, haverá uma influência natural no processo de remuneração.

Por exemplo, uma empresa que estiver posicionada na liderança em razão de custos será, sem dúvida, uma organização onde o posicionamento dos salários não estará nos patamares de maior agressividade em relação aos seus competidores. Em contrapartida, a empresa que estiver focada na diferenciação pode ter interesse em se destacar pelo perfil dos seus consumidores, identificando-os num mercado de alto poder aquisitivo; nesse caso, terá na sua força funcional aspectos relevantes que suportem as exigências no âmbito tecnológico, do produto, no modelo de relacionamento ou nos serviços dedicados a esses clientes.

Esses componentes funcionais, por si só, explicam os escopos dos cargos e o nível de formação dos seus ocupantes e, consequentemente, o posicionamento salarial a ser adotado.

Aspectos do conhecimento

A evolução constante da tecnologia indica que os dirigentes de empresas devem buscar sempre a melhor eficiência produtiva, identificando e implementando mudanças nos processos e sistemas de suas empresas e na qualificação profissional. Passou a ser palavra de ordem a identificação do conhecimento organizacional e a valorização do capital humano.

Cada vez mais as empresas se perguntam qual a sua real dimensão, e buscam alinhá-la à sua missão, às suas verdadeiras competências, e dar mais ênfase aos processos efetivos. Podem, a partir de então, avaliar as oportunidades de terceirizações ou de contratações temporárias de serviços e projetos. Isso significa dizer que as empresas procurarão estar posicionadas e direcionadas para o conhecimento ou para as competências necessárias ao desempenho e superação do seu negócio.

Portanto, caberá às empresas identificar metodologias de apuração ou identificação do conhecimento das pessoas e das suas competências, do tempo e da intensidade das suas experiências profissionais, definir o quanto de geração de valor tudo isso disponibilizará para a empresa, e remunerar os seus talentos, por compensação.

Filosofia, política e procedimentos de remuneração

A filosofia definida pela direção da empresa, as políticas geradas e aprovadas pelo corpo gerencial e os procedimentos normalmente criados pela área de gestão de pessoas são, efetivamente, instrumentos de gestão que traduzem o sentido organizacional e contribuem para os princípios de remuneração a serem adotados. O item política será tratado a seguir.

Ressalta-se que a filosofia de uma empresa está diretamente ligada à capacidade financeira e às características de operação do negócio; por isso, é de responsabilidade da diretoria atrelá-las e suportá-las nos planos estratégicos do negócio.

Sua concepção dá origem às políticas que vão organizar e apresentar de forma clara e técnica o que a organização praticará nos aspectos remuneratórios, deixando que os procedimentos esclareçam e orientem como fazê-lo.

As relações sindicais e os acordos sindicais

As relações sindicais refletem o interesse e os valores definidos pela administração da empresa para tratar das questões ligadas ao trabalho coletivo, que, logicamente, são influenciados pelo perfil do sindicato representante daquela categoria, ou mesmo pelo momento econômico e legal trabalhista em que esteja atuando.

Grande parte das convenções coletivas de trabalho ou dos acordos coletivos de trabalho objetivam tratar das condições legais, econômicas, físicas e sociais do trabalho.

Embora entendendo que essa representatividade sindical objetive os interesses de uma categoria por inteiro, percebemos nos últimos anos que a maioria das negociações realizadas entre empresas e sindicatos tratou tão somente de um determinado nível organizacional que, geralmente, está posicionado do meio da pirâmide para baixo.

O que isso representa? Podemos entender que essas tendências vêm explicando cada vez mais um afastamento da força sindical do grupo de profissionais com maiores salários. Por outro lado, há maior ênfase das estratégias sindicais nos níveis de cargos com maior quantidade de profissionais. Observa-se também que os itens de discussão entre sindicatos e empresas saíram dos reajustes salariais e voltaram-se para questões econômicas e sociais, o que muito facilmente se explica por uma economia estável e pela identificação de outras áreas de interesse do trabalhador.

As empresas deverão estar atentas aos seus acordos sindicais, lembrando que não devem basear a compensação dos colaboradores somente em práticas ou benefícios que não gerem encargos trabalhistas ou sociais.

É exatamente nesse contexto apresentado até aqui, refletindo sobre as variáveis que compõem ou influenciam o salário, que queremos seguir, facilitando um melhor entendimento do leitor no que diz respeito à importância do estabelecimento de uma política salarial bem-definida, assim como sua metodologia, organização e práticas; aos conceitos, estratégia e componentes de um sistema de remuneração; aos métodos e organização de uma pesquisa salarial.

Formulação e implementação de políticas salariais coerentes com a estratégia dos negócios

O instrumento que permite à empresa determinar e apresentar suas práticas salariais, filosofia, estratégia e procedimentos de remuneração é chamado de política salarial.

Baseada numa estrutura de cargos anteriormente apresentada, a política salarial torna pública a maneira de pensar e agir da empresa em relação às suas práticas salariais, recomendações e diretrizes de remuneração.

Uma política salarial nasce de definições e decisões da esfera superior das organizações. Logicamente, não poderá ser formulada sem que tenha havido uma relação das suas definições com a estratégia do negócio, bem como com as características do segmento em que a empresa opera. Outro importante fator de influência é o cenário externo. Nele deverão ser incluídas as condições econômicas do país, os aspectos políticos e as relações sindicais.

É verdade que parte dessas considerações está diretamente ligada a períodos de tempo que podem ou não sofrer alterações. Mesmo assim, cabe ao desenho de uma política salarial a flexibilidade necessária para ajustes e adaptações às possíveis mudanças.

Elementos de uma política salarial

Mínimos salariais

- *Piso salarial.* É a referência salarial para uma determinada categoria funcional. Normalmente representa o menor nível da estrutura de cargos da organização. Em algumas empresas é negociado em acordo sindical ou respeitando o salário mínimo localmente definido.
- *Mínimo da faixa salarial/nível ou* job group. É a referência salarial indicada como o menor salário a ser praticado naquela categoria funcional, seja ela administrativa, técnica ou gerencial. Esses valores originam-se de pesquisas salariais onde a massa salarial é, estatisticamente, representativa nessa referência.

Reajustes salariais

- *Reajustes coletivos.* Visam restabelecer o valor real dos salários em face das alterações na conjuntura econômica do país. Quando os ajustes coletivos forem espontâneos, sua frequência dependerá da administração da empresa e eles poderão ser compensados à época dos reajustes salariais negociados na data-base junto aos sindicatos.
- *Reajustes individuais.* Complementam ou não os reajustes coletivos e podem classificar-se em:
  - *promoção* — entende-se por promoção o exercício autorizado, contínuo e definitivo de cargo diverso do atual, em nível funcional superior;
  - *enquadramento na faixa* — as empresas objetivam pagar salários compatíveis com as práticas do mercado geral e/ou do seu próprio mercado. Quando, por meio de pesquisas, são identificadas alterações substanciais nas práticas do mercado, comparativamente com as condições salariais oferecidas pela empresa, sugere-se o alinhamento a essa nova referência;
  - *mérito* — entende-se como reajuste por mérito a alteração salarial dentro de um mesmo nível ou faixa salarial. Os aumentos salariais por mérito normalmente possuem uma frequência anual, fruto do gerenciamento de um ciclo de desempenho.

A direção da empresa fixa anualmente um percentual sobre a folha de pagamento, que será distribuído e aplicado a título de mérito, e caberá à área de gestão de pessoas planejar sua distribuição, definindo quantas categorias de performance quer identificar e contemplar, e quais percentuais sobre o salário quer aplicar para cada uma delas.

A escolha dos empregados que serão contemplados com o reajuste por mérito é papel e função do supervisor direto, que a fará baseado na qualidade do alcance das metas ou dos objetivos definidos para esse funcionário, em um período anterior ou no início do exercício comercial.

Ressaltamos que esse processo deverá ser conduzido com o apoio de instrumentos e regras de mensuração e apuração, como, por exemplo, o instrumento de avaliação de desempenho ou outros escolhidos pela empresa. Reforçamos apenas que os critérios e a metodologia a serem utilizados sejam únicos para todos os avaliados.

O conteúdo de uma política salarial

A política salarial dever conter diretrizes que suportem os gestores da organização por meio de modelos disponíveis na estrutura salarial, visando com isso subsidiá-los na tomada de decisão sobre práticas e implementações, bem como na manutenção do sistema de remuneração.

Seu principal objetivo é o de ser clara quanto à postura da empresa em relação ao mercado de trabalho, e para isso as empresas fazem uso de pesquisas salariais em que algumas definições devem estar disponíveis:

- em que percentual das práticas salariais do mercado a empresa se posicionará;
- que níveis de cargos ou de salários são apoiados pela política;
- quais os níveis de cargos que poderão ter administração diferenciada ou acima das práticas do mercado e por quê;
- qual a distribuição percentual a ser praticada na parte fixa e na parte variável da remuneração;
- qual o modelo de remuneração variável que será utilizado.

Posicionamento salarial

Um importante ponto a ser determinado pela política salarial é o salário de admissão. Frequentemente é estipulado o mínimo das faixas salariais, como apresentado. Algumas empresas adotam essa referência como sendo a melhor prática para os recém-admitidos, podendo variar em torno de 10% a 15% acima das indicações do mercado, dependendo do grau de maturidade técnica/profissional do candidato/ocupante, da complexidade do cargo, da disponibilidade daquele conhecimento no mercado etc. Essa estratégia facilita a área de atração e seleção no sentido de trabalhar com oportunidades de mercado e com candidatos que possam ser potencialmente interessantes para a organização e o negócio, a médio e longo prazos.

É necessário também que uma política salarial tenha definidas as recomendações para promoção de cargos ou reconhecimento por performance, conforme apresentado no item sobre reajustes individuais.

Algumas empresas definem as faixas salariais por conceitos, dividindo-as e agrupando-as em zonas salariais.

Cada conceito de zona salarial deve representar um perfil profissional ou uma condição específica exigida para o empregado. Cada zona salarial representa um percentual da faixa salarial, e sua abrangência ou dimensão praticará salários equiparados com os do mercado ou daquele perfil profissional. Com esse espaço salarial e definição conceitual, podemos alocar, recompensar e adequar os salários dos profissionais de um determinado cargo.

Uma boa parte das empresas divide suas faixas salariais, em pelo menos, três zonas de conceito de classificação salarial.

A *primeira zona salarial* pode representar uma abrangência de até 33% da faixa. Recomendada para novos admitidos, profissionais recém-promovidos e para movimentos salariais horizontais fruto de reconhecimento ou mérito ao longo de um ano de performance.

A *segunda zona salarial*, que também deve representar 33% da faixa, é recomendada para admissões que precisem de maior agressividade de oferta salarial. Normalmente esse tipo de ação é adotado em casos específicos, como cargos técnicos ou gerenciais com um determinado nível de especialização e/ou maturidade profissional. Também na segunda zona podem-se alocar profissionais que estão na sua curva de maturidade e desempenho, e que começam a crescer na estrutura salarial sem terem, no momento, oportunidades para uma promoção vertical.

A *terceira zona salarial* representa os últimos 33% da faixa. É destinada à alocação de posições estratégicas dentro dos cargos daquela faixa, ou para a administração de profissionais com altíssimo nível de performance, ou então para profissionais com o mais alto nível de maturidade profissional/técnica, que por necessidade ou impossibilidade da empresa não podem ser promovidos aos cargos superiores naquele momento.

É possível encontrar nessa zona salarial profissionais sem alternativa de cargos acima do que exercem atualmente, seja por estarem no seu último nível de potencial ou no fim da sua carreira profissional.

Faixas salariais

Com as constantes revisões e alinhamentos de estruturas, as organizações procuram ter o menor número de níveis hierárquicos; consequentemente, é natural encontrar maior abrangência das categorias dos cargos que passaram a ter uma função mais ampla e oferecer à organização maior simplicidade e flexibilidade de gestão.

Uma estrutura de cargos deve contemplar três importantes ambientes da organização. São eles: gerencial, desenvolvimento e operacional. Isso significa dizer que dentro do ambiente gerencial devem estar vice-presidentes, diretores e gerentes; no de desenvolvimento, os especialistas, consultores e coordenadores; e no operacional, os analistas, assistentes, operadores etc.

O mais importante é termos, em cada um desses ambientes, foco em seus processos e a certeza de que cada cargo tem uma missão identificada com a missão do negócio e pertinência ao macroprocesso onde está inserido.

Esses modelos de estrutura de cargos com maior abrangência e amplitude, conforme descrito acima, também representam a proximidade de conhecimento entre os cargos dentro dos seus universos de realização. Consequentemente, os salários irão acompanhar essas proximidades pois, afinal, estamos falando de competências gerenciais, técnicas e operacionais alinhadas com cada um desses agrupamentos, e dos resultados esperados, lembrando que esses diferenciais são relativamente tênues. Com isso reafirmamos que nos modelos organizacionais com maior amplitude dos cargos serão menores as diferenças dos graus de competências ou maturidade profissional ou responsabilidade dos ocupantes, e, portanto, os salários praticados entre as faixas poderão ser mais próximos.

Amplitudes das faixas salariais

Encontramos no mercado uma variação de práticas nas amplitudes das faixas salariais. De um modo geral são praticadas amplitudes variando de 50% a 60% de distância entre os mínimos e máximos salariais de cada faixa.

A amplitude das faixas está diretamente relacionada com o progresso ou com a evolução do funcionário dentro da mesma, e é suportada por definições conceituais sugeridas para cada zona salarial, conforme já comentado.

Também chamadas de "bandas amplas", encontram-se no mercado empresas que utilizam faixas salariais "largas", nas quais a amplitude entre mínimos e máximos chega a até 80%. Em outras empresas encontram-se amplitudes de até 150%. Na maioria desses exemplos identifica-se, nas características dos negócios, uma flexibilidade para a administração dos salários, na qual, provavelmente, a complexidade dos cargos ou mesmo o nível de conhecimento dos ocupantes em termos técnicos e específicos exigem essa conduta. É muito comum também a utilização desse modelo para cargos executivos, em que os ocupantes levam mais tempo para realizarem suas carreiras e, consequentemente, suas evoluções salariais.

Superposição ou sequência de faixas salariais

Denomina-se superposição a igualdade dos salários de uma faixa salarial com a outra imediatamente superior. O que se quer garantir com isso?

Tecnicamente, a superposição indica a prática salarial quanto às contribuições dos cargos dentro das categorias mais abrangentes ou amplas, identificando ou assemelhando os extremos máximos de uma faixa com os extremos mínimos da faixa salarial do nível imediatamente superior. Também chamadas de faixas sequenciais, encontramos modelos onde esses extremos são numericamente iguais, dando assim um sentido de continuidade crescente entre os cargos ou níveis da estrutura salarial, ou seja: o último número da referência salarial de uma faixa é o primeiro número da faixa imediatamente superior.

A superposição entre faixas pode representar intervalos de 1% a 20% (ou de 40%, em algumas empresas) no extremo máximo de uma faixa com o extremo mínimo da faixa imediatamente superior.

Baseando-se nos conceitos de zonas salariais acima apresentados, podemos concluir que uma estrutura salarial deverá oferecer condições de salários iguais ao ocupante que se encontra no fim de uma faixa ou zona onde sua experiência, maturidade e potencial, suportados por um ciclo maduro e consistente de performance, o elegem a uma promoção ao nível imediatamente acima, e, por falta de disponibilidade de cargos naquele momento, a promoção ainda não se deu.

Isso também representa o interesse e a filosofia da empresa em praticar salários compatíveis com o nível de contribuição dos seus empregados e, portanto, o reconhecimento e alocação dos profissionais nas zonas salariais conceitualmente compatíveis com o seu perfil de competência, experiência e entrega de resultados.

A comunicação de uma política salarial

Entre os pontos mais importantes de uma política salarial estão, sem dúvida, a sua clareza e o seu conhecimento amplo por parte dos gestores da organização. Afinal, ela é sua ferramenta de trabalho.

A comunicação, a transparência e a conscientização dos seus usuários são partes integrantes dos melhores modelos de gestão da remuneração nas empresas com sucesso na gestão estratégica de pessoas.

Programa de salários e benefícios

Salários e benefícios são dois elementos extremamente importantes da remuneração como um todo. Conhecidos como salário direto e salário indireto, é exatamente na sua combinação e harmonia que podemos chegar a uma proposta salarial e dar início a um programa de remuneração estratégico.

Uma proposta de remuneração que não leva em consideração o "pacote de benefícios" que compõe a contraprestação final do trabalho do empregado não exprime nem representa, perante o mercado, o seu verdadeiro perfil/valor remuneratório.

Um "pacote de benefícios" atende normalmente a dois campos de objetivos: o da organização e o dos indivíduos.

O atendimento dos objetivos organizacionais é dado na medida em que a organização garante a satisfação das necessidades básicas e auxilia na manutenção de baixos índices de rotatividade e absenteísmo, melhora a qualidade de vida dos colaboradores etc., bem como se torna competitiva em relação à concorrência e ao mercado de trabalho.

O atendimento das necessidades do indivíduo dá-se a partir do pressuposto que a empresa sabe o que é melhor para seus empregados, ao mesmo tempo que suporta uma estratégia de remuneração que atrai e retém talentos, oferecendo, nessa combinação, o melhor equilíbrio entre os salários praticados no mercado e benefícios que sejam também alinhados com esse mercado, favorecendo um bom clima de trabalho e motivação por parte das pessoas. E isso, sem dúvida, em muito contribui para os melhores resultados da organização.

Práticas de mercado

Entre os benefícios encontrados no mercado alguns sao efetivamente tradicionais, podendo-se dizer serem bastante praticados em empresas de grande e médio portes. Outros são mais encontrados em empresas de médio ou pequeno portes.

Seguro-saúde ou plano de saúde

Representa um percentual expressivo de empresas praticantes. Normalmente são administrados por pré-pagamento (segurado), pós-pagamento (autossegurado) e misto. Nas práticas de mercado também são disponibilizadas categorias de padrão do plano que passam por modelos chamados de básico, intermediário, superior e executivo. Grande parte do mercado oferece o plano com os modelos relacionados aos níveis hierárquicos da estrutura de cargos.

No que diz respeito à elegibilidade, encontramos, além dos funcionários, seus cônjuges/companheiros legais, filhos legítimos e legitimados até 24 anos (se universitários). Em um percentual menor, mas importante, identificamos a prática do benefício para estagiários.

Ressalta-se, nesse contexto, uma forte tendência de participação dos funcionários no custo mensal do benefício, podendo apontar, no médio prazo, uma tendência ainda maior da não extensão do benefício para os dependentes, sendo oferecida somente a inclusão dos mesmos na apólice, mas com o custeio integral por parte do funcionário, com os valores competitivos com o mercado, tendo em vista a característica que um plano empresarial oferece nos custos dos sinistros.

Tíquete refeição/vale alimentação

Expressivo percentual de prática de mercado. Na maioria das empresas esse benefício representa um item do acordo coletivo de trabalho, tornando-se por isso uma variável de negociação entre empresas e sindicatos na data-base da categoria.

Apresenta-se praticado como vale restaurante, vale alimentação, restaurante interno administrado por terceiros e, em menor escala, restaurante interno administrado pela própria empresa.

O percentual de participação da empresa e dos empregados nos custos desse benefício também apresenta variações que se influenciam pelo segmento e características de atuação da empresa. Boa parte desse mercado tem o maior percentual de custeio praticado pela empresa, em função dos incentivos legais tributários oferecidos pelo Programa de Alimentação do Trabalhador (PAT).

Seguro de vida

Muitas das grandes e médias empresas do mercado de trabalho oferecem seguro de vida em grupo aos seus colaboradores. Esse benefício representa o terceiro mais praticado no mercado geral. Normalmente é extensivo a todos os colaboradores, independentemente do nível hierárquico.

Na maioria das empresas o valor da cobertura está relacionado a um múltiplo de salários, podendo ainda ser aplicado com um limite máximo de prêmio. O percentual de participação nos custos mensais do seguro por parte dos empregados é inexpressivo, o que caracteriza o benefício como uma oferta integralmente custeada pelo empregador.

Planos de aposentadoria

Também denominado de previdência privada, é crescente o número de empresas que viabilizam um plano de previdência para seus colaboradores.

Os principais fatores de interesse das empresas na disponibilização desse benefício são manter competitividade e suplementar o benefício do INSS, objetivando que, ao se aposentarem, os funcionários tenham uma renda entre 40% a 70% do ultimo salário mensal recebido, incluindo o valor da aposentadoria do INSS.

Esses percentuais sobre os salários por si só definem os níveis salariais que estão cobertos pelos planos complementares, ou seja: quanto mais alto o salário vigente, mais distante do teto do benefício praticado pelo INSS por ocasião da aposentadoria.

Por isso, na maioria das empresas esse benefício atinge somente determinados níveis de salário.

As empresas definem como condição para elegibilidade os seguintes fatores:

- idade mínima para a concessão: 60 anos para homens; 55 anos para mulheres.
- tempo de empresa: 10 anos no mínimo.
- ser elegível ao benefício do INSS.

Entre os modelos praticados encontramos planos com entidades fechadas, ou seja, fundações da própria empresa, ou planos com entidades abertas, nas quais os principais modelos praticados são o plano gerador de benefício livre (PGBL) e o vida gerador de benefício livre (VGBL). São planos previdenciários que permitem que você acumule recursos por um prazo contratado. Durante esse período o dinheiro depositado vai sendo investido e rentabilizado pela gestora do plano, escolhida pela empresa, nos estilos de investimento também definidos por ela.

As grandes variações praticadas no mercado estão no mix de contribuição e participação entre empresas e empregados. Os percentuais variam de 2% sobre o salário para cada parte até 10%, podendo ainda, em algumas empresas, a parte que cabe ao empregador representar o dobro da parte "aportada" pelo colaborador.

Regras quanto a saques antecipados, *vesting*, ou mesmo contribuições voluntárias dos empregados não serão aqui apresentadas, em função do grau de variedade de definições e práticas encontradas no mercado.

Assistência odontológica

É um benefício cuja prática vem crescendo no mercado de trabalho, ora influenciada pelos acordos coletivos negociados entre empresas e sindicatos, ora influenciada pelo alinhamento e coerência com as políticas de saúde ou de prevenção a doenças, ou mesmo de qualidade de vida implementadas pelas empresas.

A elegibilidade se assemelha às aplicadas aos planos de saúde anteriormente apresentados, onde, além dos empregados, encontramos seus cônjuges/companheiros legais, filhos legítimos e legitimados até 24 anos (se universitários), e, em um percentual menor, mas também importante, identificamos a prática do benefício para estagiários.

Sua categorização também é fator de semelhança aos planos de saúde, havendo usualmente três modelos de planos: básico, intermediário e superior, que de um modo geral se relacionam diretamente com os níveis hierárquicos correspondentes.

Um importante ponto em relação a esse benefício é o percentual da coparticipação dos colaboradores. Na maioria das empresas a pirâmide de composição de pagamento de custos está entre 20% a 40% pagos pela empresa e entre 60% a 80% pagos pelos colaboradores.

Os serviços e os prestadores do serviço também são objeto de definição em cada um dos três tipos dos planos, e são poucas as empresas que contratam e oferecem a livre escolha como opção para esse benefício.

Veículos

É talvez um dos mais polêmicos benefícios quando se fala em retenção ou satisfação de funcionários.

Sua prática está concentrada nos níveis de diretoria e gerência. Diversas são as características e modalidades adotadas para a definição e prática desse benefício:

- valor do bem;
- tipo/modelo definido pela empresa/livre escolha;

- tempo de substituição;
- reembolso das despesas de utilização e manutenção;
- propriedade da empresa ou do usuário/comodato ou financiamento;
- utilização obrigatória ou concessão do valor a título de remuneração;
- locação/*leasing*;
- opção de compra ao término do tempo de substituição ou do contrato de trabalho etc.

Como podemos ver, existem diversas modalidades de concessão desse benefício. Grande parte das empresas começa a repensar suas práticas e, na sua maioria, já se verifica a diminuição dos níveis hierárquicos contemplados e uma maior concentração de práticas nos níveis de diretores e presidentes.

O mesmo acontece em relação à forma da concessão, que vem perseguindo um modelo de empréstimo para a aquisição do bem com limites definidos, relativos aos níveis hierárquicos, quantidade de salários ou valores/modelos de veículos praticados pelo mercado.

Em alguns outros níveis de cargos também o encontramos, mas efetivamente como parte integrante das ferramentas do desempenho dos cargos, como, por exemplo, vendedores, assistência técnica, representações etc.

Complementação de auxílio doença

Tem sido uma prática dos acordos coletivos e das negociações de data-base a implantação desse benefício. Por outro lado, as empresas têm se manifestado muito favoráveis a sua oferta, principalmente nos níveis salariais mais altos, onde o impacto econômico do benefício pago pelo INSS, a exemplo do benefício de aposentadoria, é bem mais expressivo. Sua concessão é extensiva a todos os colaboradores, e os períodos de pagamento da complementação variam de 3 a 24 meses.

Convênios com farmácias

A exemplo de outros tantos convênios com vários tipos de serviços, tais como supermercados, academias, livrarias etc., este é um benefício oferecido, porém sem custos para a empresa. A área de gestão de pessoas informa o número de empregados ao comerciante e, em troca da exposição do seu estabelecimento com esses empregados, ele oferece um percentual de desconto para os empregados da empresa. Em alguns casos o benefício se caracteriza como o pagamento das despesas postergado por meio de cheques do empregado ou por meio de descontos no contracheque do mês ou dos meses posteriores.

É muito baixo o percentual de empresas que participam do custo com os medicamentos e, quando participam, existem procedimentos de validação e, consequentemente, pré-autorização por parte do departamento médico da empresa.

Banco de horas/horário flexível

Embora tratados por lei, tanto o banco de horas como a flexibilidade de horário têm sido itens de negociação entre empresas e sindicatos, e se transformado em cláusulas dos acordos coletivos.

Sua complexidade está:

- *para o banco de horas*, na definição do tipo de horas extras que poderão ser alocadas no banco, no limite de horas (seja por quantidade, seja por períodos — meses, trimestres etc.), e no fator de recompensa, entendendo-se aí a diferença entre os valores de remuneração das horas extras e seus acréscimos previstos em lei ou em acordos coletivos e a exatidão da hora trabalhada e compensada pela hora descansada;

- *para o horário flexível*, na questão cultural e comportamental das empresas, que, embora acreditem na autogestão da carga horária feita pelos empregados, exigem ou a presença dos mesmos em um determinado horário comum a todos, ou então o cumprimento integral no mesmo dia da jornada diária, independentemente de quando ela começa ou termina.

Os desafios da aplicação são a gestão, a confiança e a aceitação da modernidade que oferece, por meio da tecnologia, o acesso e o encontro de todos, até mesmo com a utilização de meios virtuais.

É, sem duvida, um benefício que atende a diversos tipos de perfis profissionais, tais como mulheres, jovens em formação acadêmica, profissionais com dificuldade de acesso à localidade do trabalho etc.

Empréstimos

É um benefício ainda oferecido por algumas empresas. Nos últimos anos passou a ser utilizado com uma nova modalidade de benefício, em função das definições do atual governo (2010), pelas quais as instituições financeiras lideram as negociações diretamente com os empregados, acordando prazos e taxas de juros e encaminhando ao empregador o contrato firmado e finalizado apenas para descontos mensais nos contracheques.

As liberações atendem a necessidades dos empregados, tais como: emergências ou situações pessoais, despesas médicas ou odontológicas excedentes às coberturas dos planos de saúde oferecidos pelas empresas, aquisição de casa própria, auxílio educação etc.

Seus limites de concessão variam entre 1,5 a 3,5 salários, e sua extensão atinge todos os níveis da empresa.

Checkup

Na maior parte das vezes, as empresas que praticam esse benefício restringem sua utilização aos níveis de diretoria e gerência. Sua característica é avaliar anual ou bianualmente a saúde dos seus dirigentes, garantindo a qualidade da mesma e/ou prevenindo doenças.

Encontramos também outra variável de elegibilidade adicionada ao nível hierárquico, que é o fator idade, podendo este definir, além da participação, a periodicidade da utilização do benefício.

Auxílio creche

Ressalta-se a regra legal para o auxílio creche.

A Consolidação das Leis Trabalhistas (CLT), em seu art. 389, § 1º, estabelece que toda empresa que possua estabelecimento em que trabalharem pelo menos 30 mulheres com mais de 16 anos deverá manter um local apropriado onde seja permitido às empregadas guardar, sob vigilância e assistência, seus filhos no período da amamentação, que vai do nascimento aos seis meses do bebê.

Já a Portaria nº 3.296/1986, do Ministério do Trabalho e Emprego (MTE), diz que a empresa poderá, em substituição à exigência contida na CLT, adotar o sistema de auxílio creche, cujo valor deve custear integralmente as despesas efetuadas com o pagamento da creche, que será de livre escolha da colaboradora mãe, pelo menos até os seis meses da criança, nas condições, prazos e valor estipulados em acordo ou convenção coletiva. As convenções e acordos coletivos de trabalho estabelecerão o valor do auxílio creche e, se for o caso, o valor do auxílio babá. Algumas convenções e/ou acordos coletivos estendem o benefício ao colaborador homem, pai da criança.

Demais benefícios

Existe ainda no mercado um conjunto de benefícios praticados pelas empresas ou especificamente em alguns segmentos de negócio, mas que não se tornam expressivos a ponto de serem demonstrados como práticas importantes.

Benefícios flexíveis. A prática de benefícios flexíveis ainda está distante de se tornar uma realidade. São muito poucas as empresas que a utilizam, embora um grande número de empresas apresente uma forte intenção de praticá-la.

Seu objetivo é possibilitar, por meio de uma pontuação ou dos custos de um conjunto de benefícios oferecidos pela empresa, a utilização desses pontos ou dos respectivos valores dos custos desses benefícios, para o acesso a outros benefícios de interesse do empregado, tais como: estacionamento, auxílio gasolina, pagamento de estudos em escolas e universidades, despesas com o desenvolvimento pessoal por meio de cursos de treinamento de interesse do empregado etc.

Cabe apenas uma preocupação por parte das empresas no que diz respeito a alguns benefícios, como plano de saúde, seguro de vida, complementação da aposentadoria, entre outros, cuja gestão do custo exige manutenção e linearidade no consumo em relação ao tempo e sua linearidade. A quantidade de vidas, por exemplo, nos contratos de plano de saúde ou de seguro de saúde, é um fator preponderante no custo da fatura ou apólice, e não seria possível a contratação de um serviço como esse tendo a cada ano números diferentes e impactantes para gestão do plano.

Outros fatores que podem comprometer a implantação de um sistema de benefícios flexíveis são:

- a complexidade administrativa que o mesmo impõe, pois nas empresas que o utilizam suas configurações se alteram anualmente em data definida pela empresa;
- os riscos trabalhistas, pois alguns benefícios são garantidos em acordo coletivo, e suas práticas não podem ser interrompidas ou eventuais;
- e, por último, os custos envolvidos, tendo em vista a sua gestão e possíveis comprometimentos da competitividade de alguns benefícios, fruto do número de participantes e do tempo de participação, tal como acima demonstrado nas definições e práticas dos benefícios de plano de saúde, seguro de vida e aposentadoria complementar.

Sistema de remuneração estratégica

As transformações pelas quais as empresas vêm passando exigem novos sistemas de remuneração. Os ambientes caracterizados por formas estruturais modernas da organização do trabalho — como *multifuncional,* poucos níveis hierárquicos, cargos mais amplos de atuação — sugerem que a recompensa das contribuições individuais ou coletivas não se atenha tão somente às descrições de atividades e definição de responsabilidades.

Então, a questão central é transformar a visão usual da remuneração como fator de custos para outra, da remuneração como fator de aperfeiçoamento da organização e impulsionador de processos de melhorias e aumento de competitividade e qualidade da performance.

A remuneração estratégica é a ponte entre os indivíduos e a nova realidade das organizações. É importante considerar o contexto organizacional entendendo a *estratégia do negócio*, a *estrutura organizacional* e o *estilo gerencial a ser praticado*, prevendo assim, desde já, passos importantes para o futuro da empresa.

A *remuneração estratégica* deverá estar focada nos fatores que propiciam as contribuições dos indivíduos e as suas influências no sucesso do negócio.

Além de valorizar as atividades para resultados e responsabilidades, o sistema de remuneração estratégica também considera conhecimentos, habilidades, atitudes, desempenho e resultados coletivos. Alguns modelos do sistema de remuneração estratégica podem ser considerados.

Remuneração por habilidades

Determinada pela formação e capacitação dos funcionários, esse modelo de remuneração considera, além das atribuições previstas nos cargos ou funções, o indivíduo. Assim, as habilidades ou blocos de habilidades passam a compor a base da remuneração. Aplica-se preferencialmente a organizações que passaram por processos de mudanças e adotaram estruturas baseadas em grupos funcionais.

Remuneração por competências

Também é determinada pela formação e capacitação dos empregados.

Pode ser fortemente recomendada para empresas que operam em ambientes muito competitivos e para as quais a capacidade de inovação é fator crítico de sucesso.

Remuneração variável

É vinculada a metas de desempenho dos indivíduos, das equipes ou da organização como um todo. Inclui a participação nos lucros (utilizada com escopo limitado) e a remuneração por resultados (utilizada com escopo amplo). Pode-se também incluir nessa modalidade a remuneração por competências. O mercado vem adotando muito esse modelo, tendo como ponto de partida metas de redução de despesas, ganho de mercado, resultados financeiros, entre outros.

Principais modelos de remuneração variável praticados no mercado

De curto prazo

Distribuição de ganhos (gain sharing). Os empregados recebem uma porcentagem relativa ao valor do aumento de produtividade calculado de acordo com uma fórmula preestabelecida.

Tem sido bastante utilizado no Brasil pela sua aplicabilidade à indústria e a grandes processos coletivos. De um modo geral, sua aceitabilidade passa também pelas entidades sindicais, que, por determinação legal para sua formalização, participam do seu projeto. Ressaltamos as inúmeras formas que esse modelo pode assumir. A nomenclatura e a identidade que acabou melhor representando esse modelo no mercado brasileiro é o Programa de Participação nos Resultados (PPR). Sua apuração pode ser periódica e ter metas e índices estabelecidos e acordados por períodos e com incentivos fiscais previstos em lei, mas com o pagamento realizado em no máximo duas parcelas por ano.

Seu pagamento, na maioria dos casos, se dá por meio de número de salários, conforme acordado e definido previamente no programa.

As vantagens deste modelo:

- é mensurável;
- é aplicável a todas as áreas e setores da empresa;
- reafirma os valores da empresa e seus planos estratégicos;

- é focado em objetivos comuns a todos;
- contribui para um clima com vínculos participativos;
- é autossustentável;
- pode reconhecer o individual, a área e a empresa.

Participação nos lucros (profit sharing). Os empregados participam de um *pool* de bônus de uma percentagem de lucro geralmente gerada do lucro excedente. A participação nos lucros faz parte das constituições de 1946, 1967 e 1988. A ênfase dada pelo então presidente Itamar Franco por meio da Medida Provisória nº 794/1996, reeditada sistematicamente, tornou-se regulamentada na Lei nº 10.101, de dezembro de 2000, que dispõe sobre a obrigatoriedade de as empresas implantarem um sistema de remuneração de distribuição de lucros ou participação nos resultados, conforme demonstrado.

Suas vantagens:

- rápido de ser implementado;
- fácil de ser entendido e mensurado;
- integra os grandes grupos da organização;
- estimula o interesse de todos na busca dos resultados financeiros;
- reconhece a empresa como um todo (foco no coletivo).

Ainda dentro do conceito de remuneração variável de curto prazo, podemos destacar como prática de mercado o comissionamento sobre vendas, incentivos a contribuições em programas de sugestões de melhorias, gratificações por participação em projetos especiais etc.

De longo prazo

Remuneração por ações (stock options). Entre os incentivos aplicados a ciclos maiores que um ano, o mais comum é aquele que trabalha com as *stock options* para executivos, porém pode ser projetado para pagamento em dinheiro ou outros tipos de ações.

Suas vantagens:

- valoriza as perspectivas de longo prazo;
- compromete e retém os profissionais com altas performances;
- pode ser utilizado somente para o topo da organização;
- estimula trabalhos com qualidade e resultados mantidos no longo prazo;
- gera sentimento e atitude de posse sobre a organização por parte dos contemplados.

Encontramos no mercado empresas que disponibilizam a venda das suas ações para seus colaboradores sem nenhum vínculo com a remuneração estratégica, e nem mesmo com o reconhecimento do desempenho do funcionário.

De qualquer forma, o fator tempo para venda ou resgate tem sido um forte ponto na gestão desse modelo. A obrigatoriedade de venda futura praticada pelo mercado varia entre dois e cinco anos, e a opção por ações não significa nenhum modelo de gestão participativa.

Remuneração total — uma visão estratégica

Pudemos perceber ao longo das nossas reflexões que as empresas buscam, cada vez mais, praticar suas ações remuneratórias com foco nos processos vitais organizados e distribuídos nos seus conjuntos de cargos, nos indivíduos técnica e comportamentalmente percebidos, nas práticas de mercado e nas melhores e possíveis combinações entre o que vimos e conhecemos classicamente como remuneração direta e indireta.

Toda essa sistemática converge para um objetivo de remuneração competitivo em relação ao mercado. Podemos então entender que o sistema de remuneração estratégica tem componentes de remuneração total, que objetiva a atração e retenção dos talentos essenciais para o futuro e sucesso de uma empresa.

O sistema de remuneração total pode ser, num primeiro plano, a combinação de todos os componentes financeiros para remunerar e recompensar resultados gerados pelos empregados. É o salário nominal, mensalmente recebido pelo colaborador, antes dos descontos e sem incluir nenhum tipo de adicional. São os sistemas de remuneração baseados em objetivos e metas da empresa, coletivos ou individuais, de curto ou longo prazo, e os benefícios que a organização pratica.

Graficamente, o sistema de remueração total apenas com o enfoque financeiro pode ser representado como na figura 10.

Figura 10
Sistema de remuneração total

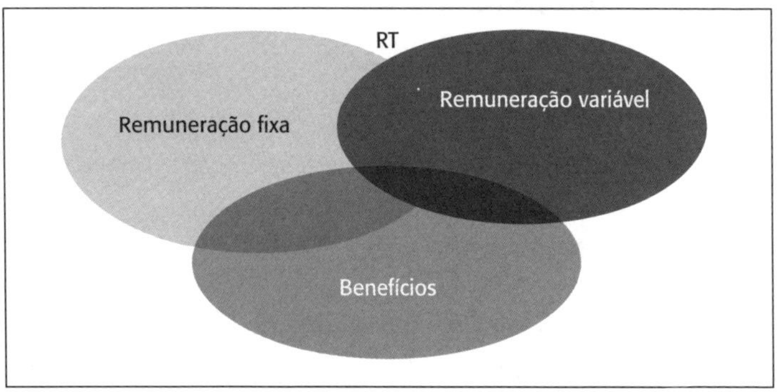

Por outro lado, não se pode deixar de ressaltar a importância de uma visão total de todos os custos e, consequentemente, dos componentes efetivos de um sistema de remuneração total, demonstrando-os e valorizando-os para os funcionários.

Quando falamos em atrair e reter, estamos falando do desenho ideal que objetiva que os colaboradores de uma empresa mantenham-se interessados em permanecer nela, e em buscar em um conjunto de fatores complementares, e tão importantes quanto os ganhos financeiros, as demais conquistas na relação de trabalho.

Percebe-se atualmente, com muita facilidade, que aquilo que o segmento, o produto e mesmo os projetos que uma empresa podem oferecer a seus empregados têm se tornado cada vez mais parte integrante e importante na cadeia de valores e interesses de jovens executivos.

É exatamente aí que um segundo modelo do sistema de remuneração estratégica se configura, identificando e praticando ações de valorização do profissional, compondo assim o modelo de compensação total.

A compensação total (CT) assume um papel relevante, adicionando às práticas e itens financeiros, o bem-estar e os interesses dos profissionais.

Essa combinação de salário fixo e variável, benefícios mais oportunidade de desenvolvimento e aprendizado, clima de trabalho, ambiente de criatividade estimulada e participativa, oportunidades de carreira, os valores da empresa, e até mesmo o produto ou serviço integram esse modelo final do sistema de remuneração estratégica, como representado a seguir, na figura 11.

Algumas considerações

Entendemos como remuneração estratégica a visão integrada de todos os fatores que envolvem a satisfação, o interesse e a necessidade dos empregados, e que não obrigatoriamente serão traduzidos em dinheiro.

A realidade de trabalho direciona as organizações para a utilização de critérios inteligentes e adequados a uma população cada vez mais estimulada por um conjunto de fatores relacionados ao seu desenvolvimento pessoal, profissional e social.

Figura 11

SISTEMA DE REMUNERAÇÃO ESTRATÉGICA

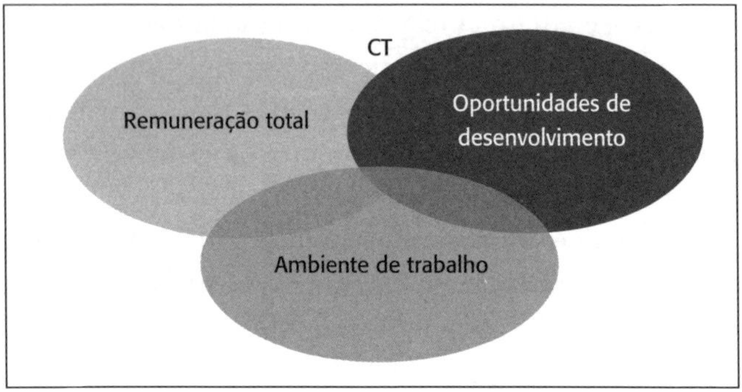

É nesse sentido que as pesquisas de mercado contribuem para que possamos conciliar os custos organizacionais com as intenções e práticas modernas desse mercado de trabalho, atrelando todo esse contexto a um posicionamento estratégico, lucrativo e de alta performance de resultados.

As pesquisas de mercado são, sem dúvida, uma ferramenta importante para análise e validação das práticas salariais da empresa, identificando o seu alinhamento e posicionamento junto às práticas do mercado de trabalho comparado.

5

Pesquisa de cargos, salários e benefícios

A pesquisa de cargos, salários e benefícios é a ferramenta por meio da qual a empresa capta informações, no mercado previamente escolhido, relativamente a cargos, salários, benefícios, procedimentos e políticas de remuneração praticadas por empresas, subsidiando assim a implantação ou manutenção de sua própria política de remuneração.

Neste capítulo traremos conceito, implicações, benefícios e um modelo representativo dessa poderosa ferramenta.

Metodologia da pesquisa

A pesquisa de salários é fundamental na administração da remuneração, uma vez que é por meio desse instrumento que o administrador poderá comparar e acompanhar o posicionamento dos seus salários e benefícios com aqueles praticados pelo mercado.

Há diversas formas de se obter uma pesquisa salarial. A mais simples, mais econômica, porém com parâmetros nem sempre conhecidos e, portanto, passíveis de não estarem alinhados à realidade da organização, são os resultados apresentados por pesquisas periódicas ou revistas técnicas, ou comprando pesquisas "pré-fabricadas" por entidades especializadas.

Como instrumentos de "balizamento geral" ou como indicativos de "tendência", as pesquisas genéricas poderão ter sua validade. Nunca, entretanto, deverão ser adotadas por organizações que desejam trabalhar questões internas de suas estruturas ou políticas salariais.

Nesses casos, o ideal é que cada empresa realize a sua própria pesquisa salarial, utilizando uma metodologia que atenda especificamente aos seus interesses, a fim de que ela seja alinhada e identificada com o universo interno da organização.

O primeiro passo para a realização de uma pesquisa salarial é escolher os cargos a serem pesquisados.

Escolha dos cargos

A escolha dos cargos a serem pesquisados deverá realizar-se de acordo com as necessidades do momento e com o tipo de estrutura existente na organização.

Convém, no entanto, lembrar que a pesquisa deve receber um tratamento diferenciado para cada tipo de cargo pesquisado. Por exemplo, cargos horistas, cargos mensalistas, cargos executivos etc.

Uma empresa que tenha 200 cargos não pesquisará todos eles. Isso porque trata-se de um volume extremamente grande (e talvez desnecessário) de trabalho, e por isso as empresas convidadas provavelmente evitarão participar da pesquisa.

Tratando-se da adoção de uma estrutura composta de cargos amplos, e considerando-se que algumas empresas podem não seguir o mesmo modelo, sugerimos a realização de uma pesquisa onde a base possa ser composta das descrições dos cargos amplos, na medida em que se consegue identificar os níveis de complexidade e responsabilidade dos mesmos, mas também relacionar as funções que estes abrangerão, de forma a se verificar se há alguma função que mostre uma significativa diferença salarial das demais na composição daquele determinado cargo.

Pode-se visualizar melhor essa explicação se compreendermos o exemplo a seguir apresentado.

Cargo amplo: analista em gestão. Funções: administrador de empresas, economista, contador etc.

Cargos/funções-chave e diferenciados

Conforme citado no caso dos cargos amplos, da mesma forma deve-se procurar inserir na pesquisa apenas os chamados "cargos-chave", quando a estrutura da empresa é composta por cargos restritos. Isto é: aqueles que são encontrados com maior facilidade no mercado e, ao mesmo tempo, que representam uma boa amostragem em cada faixa salarial da organização.

Uma média de três a quatro cargos-chave por faixa salarial (ou por grupos de cargos) deverá ser suficiente como amostragem de pesquisa, exceto raríssimas exceções.

Relativamente aos cargos a escolher, é importante lembrar que, em muitas organizações, um mesmo tipo de cargo é diferenciado apenas por características ou números, como por exemplo: operador I, operador II, operador III.

Ou ainda: analista de sistemas jr. (júnior), analista de sistemas pl. (pleno); analista de sistema sr. (sênior).

Em geral, as empresas obedecem aos seguintes critérios para adotar as denominações anteriores:

- usam preferencialmente as siglas numéricas I, II, III para cargos operacionais, de fábrica, para identificar pela ordem cargos que, embora de natureza semelhante, exijam do seu ocupante maior experiência e conhecimento. Grosso modo, pode-se dizer que para um cargo de nível I exige-se de um ano a um ano e meio de experiência; para um cargo de nível II, de dois a dois anos e meio de experiência; para o cargo de nível III, acima de três ou quatro anos de experiência;

- utilizam as denominações júnior, pleno e sênior para cargos de desenvolvimento com base nos mesmos critérios aqui apresentados.

Escolha das empresas participantes

A escolha das empresas participantes da pesquisa deverá se basear, entre outros, principalmente nos parâmetros a seguir.

Região geoeconômica. Ou seja, empresas que estejam situadas na mesma região daquela que está desenvolvendo a pesquisa (esse critério permitirá uma noção exata da remuneração da força de trabalho nos arredores de suas instalações físicas — onde provavelmente desenvolve uma parte de seu recrutamento).

Segmento da empresa. É sabido que cada segmento produtivo tem suas características, que traçam um perfil inclusive em termos de remuneração. Assim, há segmentos que, por tradição, por questões sindicais ou por razões outras, adotam políticas mais ou menos agressivas em seus planos de salários. É, portanto, interessante pensar na possibilidade de convidar empresas do mesmo segmento produtivo.

Tipo de estrutura salarial. Algumas empresas possuem estruturas salariais formalmente organizadas, por pontos ou não, ou adotam sistemas diferenciados (Hay System, por exemplo) e, obviamente, é importante levar em conta esta variável na hora de escolher quem vai compor o painel de empresas participantes, a fim de garantir a qualidade das informações.

Política salarial praticada. Independentemente do modelo de estrutura que as identifica no mercado como "agressivas" ou "não agressivas", considera-se "agressiva" a empresa que costuma tratar os seus salários numa faixa de práticas salariais elevada, e "não agressiva" aquela que aplica uma política de práticas medianas. É fácil imaginar o tipo de resultado de uma pesquisa cujo painel é composto somente de empresas que remuneram agressivamente (aproximadamente 25% acima da média), comparativamente a outra pesquisa que escolheu empresas que remuneram não agressivamente (25% abaixo do mercado).

Tipo de força de trabalho. Esta é a outra variável que dá ao universo pesquisado uma identidade própria. Uma empresa fabricante de relógios certamente não teria motivo para convidar a compor o seu painel de participantes da pesquisa uma empresa de tecelagem, uma vez que não iria encontrar, por meio dessa participante, as informações de que necessita com relação a seus empregados operacionais.

Número de empregados. O número de empregados de uma empresa é, em princípio, um dado importante para a análise da amostragem das informações que serão recebidas, a fim de constatar se estão de acordo com o que a empresa necessita. Lembramos que em empresas "enxutas" do ponto de vista do número de colaboradores, estes costumam assimilar tarefas diversas que, muitas vezes, nada têm a ver com o título do cargo que ocupam, dificultando sobremaneira a comparação e o equilíbrio das respostas.

Porte das empresas. Este é outro fator que deve ser considerado na hora de escolher os participantes de um painel de pesquisa. É interessante que sempre se leve em conta empresas que possuam um porte, se não igual, ao menos parecido com a empresa que contratou a pesquisa. Caso contrário, poderão ser enfrentados alguns problemas, como políticas diferenciadas (grandes empresas praticam remuneração variável, pagamento de comissões, gratificações etc.) e planos de benefícios complementares à remuneração totalmente fora do foco daqueles praticados pela empresa interessada nos resultados da pesquisa.

Painel de empresas

O conjunto de empresas que participam de uma pesquisa salarial é denominado painel de empresas. O número de empresas convidadas deve ser o suficiente para facilitar o mais adequado tratamento.

Planejamento da pesquisa

Uma vez escolhidos os cargos a pesquisar e as empresas a convidar, o próximo passo é realizar um cronograma da pesquisa, definindo as etapas do trabalho e as metas a serem alcançadas.

Convite aos participantes

O convite às empresas que irão compor o painel da pesquisa deve ser feito preliminarmente, mediante contato informal — por telefone ou pessoalmente —, para verificar o nível de interesse e a real possibilidade de participar. Em geral, após esse contato, feito especificamente com a área de gestão de pessoas ou de remuneração, a empresa convidada solicita que lhe seja enviada uma carta-convite formal ou um e-mail para documentar o evento.

No convite formal é necessário informar o número de cargos (horistas e mensalistas) a serem pesquisados, o número e tipo de empresas que serão convidadas e o respectivo cronograma de trabalho.

Caderno de coleta de dados

Uma vez aceito o convite, enviam-se os manuais de coleta de dados, nos casos de pesquisa via questionários, ou agendam-se as visitas necessárias, quando a pesquisa for feita por meio de entrevistas e de observação *in loco*, dando por encerrada a fase de coleta de dados.

O caderno de coleta de dados geralmente é composto pelos seguintes elementos básicos:

- informações gerais sobre o trabalho;
- informações da empresa participante;
- pesquisa de política de salários e benefícios;
- relação de empresas participantes;
- relação de cargos pesquisados;
- metodologia a ser aplicada na pesquisa.

Finalmente, os dados são consolidados e distribuídos com todas as informações comparativas obtidas entre as empresas pesquisadas e participantes do painel.

Esse material é utilizado por todo o ano de gestão, orientando não somente a revisão das faixas salariais praticadas pela empresa, como também esclarecendo dúvidas e facilitando comparações necessárias à tomada de decisão no dia a dia da empresa.

Independentemente desse material e das informações nele constantes, as empresas também realizam cotidianamente pesquisas informais, fruto das relações estabelecidas e conquistadas por meio da participação em grupos de discussão.

Na verdade, dá-se o nome de *benchmarking* à pesquisa de mercado que esclarece e revela as práticas das empresas em determinadas áreas de interesse. Não obrigatoriamente, essa troca de informação está sujeita apenas às questões salariais.

Podem-se relacionar como dados as seguintes práticas de gestão de pessoas:

- horário de trabalho;
- práticas de feriados;
- fornecedores utilizados;
- quantidade de colaboradores por áreas;
- níveis hierárquicos praticados;
- nomenclatura de cargos;
- programas de treinamento;
- valor de bolsa de estagiários.

Devolutiva da pesquisa

Não se pode esquecer que uma pesquisa de mercado, por se tratar de um *benchmarking*, pressupõe uma troca, ou seja, os dados coletados precisam, de alguma forma, ser repassados àquelas empresas que aceitaram tornar suas informações disponíveis.

Sendo assim, quando concluída a pesquisa e a tabulação e análise dos resultados, é importante que essa consolidação seja enviada às empresas participantes. Normalmente a informação de que isso será feito é transmitida no momento do convite, o que torna o ato da participação mais atraente.

Ressalta-se também a importância da comunicação dos resultados da pesquisa ao universo interno da organização. O processo de informação com transparência dos resultados de uma pesquisa é importantíssimo para a diretoria e para os gestores da empresa, independentemente das ações que serão tomadas a partir da mesma.

A seguir, podemos compreender melhor esse processo, por meio da visualização de um caderno de pesquisa.

Modelo de caderno de pesquisa

I — Identificação da empresa pesquisadora

Dados de identificação

Empresa pesquisadora:

Endereço:

CEP: Cidade: Estado:

Telefone: Fax:

Responsável pelas informações da pesquisa:

Cargo:

E-mail:

Informações gerais

Quantidade de empregados:

Classe de receita:

( ) até R$ 2 milhões.

( ) de R$ 2 milhões até R$ 5 milhões.

( ) de R$ 5 milhões até R$ 10 milhões.

( ) de R$ 10 milhões até R$ 15 milhões.

( ) de R$ 15 milhões até R$ 20 milhões

( ) de R$ 20 milhões até R$ 30 milhões.

( ) acima de R$ 30 milhões.

Data-base:

Último percentual concedido:

A empresa tem plano de cargos e salários?

( ) Sim ( ) Não

Existe definição para a estrutura salarial da empresa?

( ) Sim ( ) Não

Qual o número total de classes salariais existentes na empresa?

Qual o número mínimo e máximo de *steps* salariais existentes para as classes salariais?

Mínimo = Máximo =

A empresa possui planos de prêmios, incentivos e bonificações por alcance de resultados?

Quantos salários são pagos anualmente?

II — Identificação da empresa pesquisada

Dados de identificação

Empresa pesquisada:

Endereço:

CEP: Cidade: Estado:

Telefone: Fax:

Responsável pelas informações da pesquisa:

Cargo:

E-mail:

Informações gerais

Quantidade de empregados:

Classe de receita:

( ) até R$ 2 milhões.

( ) de R$ 2 milhões até R$ 5 milhões.

( ) de R$ 5 milhões até R$ 10 milhões.

( ) de R$ 10 milhões até R$ 15 milhões.

( ) de R$ 15 milhões até R$ 20 milhões

( ) de R$ 20 milhões até R$ 30 milhões.

( ) acima de R$ 30 milhões.

Data base:

Último percentual concedido:

A empresa tem plano de cargos e salários?

( ) Sim ( ) Não

Existe definição para a estrutura salarial da empresa?

( ) Sim ( ) Não

Qual o número total de classes salariais existentes na empresa?

Qual o número mínimo e máximo de *steps* salariais existentes para as classes salariais?

Mínimo = Máximo =

A empresa possui planos de prêmios, incentivos e bonificações por alcance de resultados?

Quantos salários são pagos anualmente?

III — Políticas e práticas de gestão de pessoas — empresa pesquisadora

Existe na empresa um sistema formal de avaliação de desempenho?

( ) Sim ( ) Não

A empresa pratica a concessão de gratificação por desempenho?

( ) Sim ( ) Não

Qual o valor investido pela empresa em capacitação e desenvolvimento dos empregados nos últimos dois anos?

- ❑ Investimento no ano anterior: R$
- ❑ Investimento no ano xxxx: R$

A empresa possui um plano de incentivo à formação escolar e acadêmica?

( ) Sim ( ) Não

A empresa utiliza sistema de banco de horas?

( ) Sim ( ) Não

A empresa possui política de pagamento de anuênios?

( ) Sim ( ) Não

IV — Benefícios praticados pela empresa pesquisadora

A empresa possui plano de previdência para fins de aposentadoria?

( ) Sim ( ) Não

Em caso positivo, qual a abrangência?

( ) Todos os empregados.

( ) Algumas categorias de empregados.

Especifique: ______________________________

Qual o percentual de salário contemplado para a participação no plano de aposentadoria?

Empresa: ________________ Empregado: ____________

A empresa possui plano de assistência médico-hospitalar?

( ) Sim ( ) Não

A empresa possui plano de assistência odontológica?

( ) Sim ( ) Não

A empresa possui plano de assistência farmacêutica?

( ) Sim ( ) Não

A empresa possui plano de seguro de vida em grupo?

( ) Sim ( ) Não

A empresa possui plano de auxílio alimentação?

( ) Sim ( ) Não

A empresa possui plano de auxílio creche?

( ) Sim ( ) Não

A empresa possui algum plano de benefícios não especificado nos itens anteriores?

( ) Sim ( ) Não

V — Políticas e práticas de gestão de pessoas da empresa pesquisada

Existe na empresa um sistema formal de avaliação de desempenho?

( ) Sim ( ) Não

Em caso positivo, qual a periodicidade de aplicação da avaliação?

( ) mensal

( ) bimestral

( ) trimestral

( ) semestral

( ) anual

( ) bianual

A empresa pratica a concessão de gratificação por desempenho?

( ) Sim ( ) Não

Em caso positivo, quais os critérios adotados para a concessão da gratificação?

____

Qual o valor investido pela empresa em capacitação e desenvolvimento dos empregados nos últimos dois anos?

- ❑ Investimento em xxxx: R$ ____________________
- ❑ Investimento em yyyy: R$ ____________________

A empresa possui um plano de incentivo à formação escolar e acadêmica?

( ) Sim ( ) Não

Em caso positivo, qual a abrangência?

( ) Ensino fundamental

( ) Ensino médio

( ) Ensino superior

( ) MBA/especialização

( ) Mestrado

( ) Doutorado

( ) Outros ______________________________

Qual o percentual de participação da empresa? ________%

Qual o percentual de participação do empregado? _______%

A empresa utiliza sistema de banco de horas?

( ) Sim ( ) Não

A empresa possui política de pagamento de anuênios?

( ) Sim ( ) Não

Em caso positivo,

- qual o percentual praticado? ______________%
- qual a periodicidade? __________________

VI — Benefícios praticados pela empresa pesquisada

Qual o tipo de plano de previdência privada utilizado?

( ) BD ( ) CD

Existe a contribuição por parte do empregado?

( ) Sim ( ) Não

Em caso positivo,

- qual a fórmula de contribuição da empresa? _________
- qual a fórmula de contribuição do empregado? _________

A empresa possui plano de assistência médico-hospitalar?

( ) Sim ( ) Não

Em caso positivo, qual o sistema adotado?

( ) Medicina de grupo – operadoras de planos de saúde

( ) Livre escolha com reembolso integral

( ) Cooperativa médica

( ) Seguro-saúde – rede credenciada

( ) Autogestão

Nome da empresa prestadora do serviço: _____________

Existe plano diferenciado para os empregados?

( ) Sim ( ) Não

Especifique: ____

Qual o percentual de participação da empresa? _________%

Qual o percentual de participação do empregado? _______%

Qual a abrangência para inclusão na cobertura dos serviços:

( ) empregado

( ) cônjuge

( ) companheiro(a)

( ) ascendentes diretos (pai e mãe)

( ) filhos menores de 18 anos

( ) filhos menores de 21 anos

( ) filhos estudantes até 24 anos

( ) filhos sem limitação de idade

( ) outros. Especifique: ____________________________

A empresa possui plano de assistência odontológica?

( ) Sim ( ) Não

Em caso positivo, qual o sistema adotado?

( ) Medicina de grupo – operadoras de planos de saúde

( ) Livre escolha com reembolso integral

( ) Cooperativa odontológica

( ) Autogestão

Nome da empresa prestadora do serviço: _______________

Qual o percentual de participação da empresa? _________%

Qual o percentual de participação do empregado? _______%

Qual a abrangência para inclusão na cobertura dos serviços:

( ) empregado

( ) cônjuge

( ) companheiro(a)

( ) ascendentes diretos (pai e mãe)

( ) filhos menores de 18 anos

( ) filhos menores de 21 anos

( ) filhos estudantes até 24 anos

( ) filhos sem limitação de idade

( ) outros. Especifique: ____________________

A empresa possui plano de assistência farmacêutica?

( ) Sim ( ) Não

Em caso positivo, qual a modalidade adotada?

( ) Reembolso parcial. Qual o percentual? ________%

( ) Reembolso integral.

( ) Convênios com farmácias com desconto em folha.

( ) Convênios com farmácias com desconto no ato de aquisição do medicamento.

A empresa possui plano de seguro de vida em grupo?

( ) Sim ( ) Não

Qual o capital segurado por salário? ____________________

A empresa possui plano de auxílio alimentação?

( ) Sim ( ) Não

Em caso positivo, qual a modalidade adotada?

( ) Restaurante interno.

( ) Tíquete ou vale refeição – especificar o valor em R$_____.

Qual o percentual de participação da empresa? __________%

Qual o percentual de participação do empregado? _______%

A empresa possui plano de auxílio creche?

( ) Sim ( ) Não

Em caso positivo, qual a modalidade adotada?

( ) Creche própria.

( ) Livre escolha com reembolso integral.

( ) Livre escolha com reembolso parcial. Especificar o percentual de reembolso:

____

( ) Creches conveniadas.

A empresa possui algum plano de benefícios não especificado nos itens anteriores?

( ) Sim ( ) Não

Em caso positivo, especifique: ____________________

VII — Informações salariais

Orientações para preenchimento.

1. Todos os cargos pesquisados encontram-se identificados e descritos. Devido à empresa utilizar o sistema de cargos amplos, as descrições apresentadas são compostas pela missão e pelas atribuições essenciais do respectivo cargo, assim como pelas atribuições específicas por área de atuação (finanças, gestão e benefícios).
2. Ao lado de cada cargo constarão as titulações anteriores, visando facilitar a identificação do cargo correlato na empresa pesquisada.
3. Para cada cargo pesquisado há também informações relativas aos requisitos básicos que compõem o perfil do cargo.
4. Solicitamos a comparação dos cargos descritos com os existentes em sua empresa, considerando os cargos similares para preenchimento dos campos solicitados.
5. O primeiro campo a ser preenchido refere-se ao título do(s) cargo(s) comparativo(s) em sua empresa:

   Cargo(s) na empresa pesquisada: ______________________
6. O segundo campo a ser preenchido refere-se às informações sobre os salários praticados para o cargo equivalente em sua empresa:

Frequência	Salário	Observações

O campo "frequência" deve ser preenchido com a quantidade de ocupantes do cargo com o mesmo salário informado. O campo "salário" destina-se à informação quanto à diversificação de salários praticados para aquele cargo e o campo "observações" foi criado para inserção de toda e qualquer informação que seja relevante e importante para melhor compreensão das informações cedidas por sua empresa.

Cargo(s) na empresa pesquisada: ______________________

Cargo: nome do cargo/área de atuação

Missão do cargo:

Atribuições essenciais:

Requisitos básicos do cargo. Nível de formação e outros.

Frequência	Salário	Observações

Conclusões

Tivemos, ao longo deste livro, a oportunidade de apresentar um processo estruturado para desenvolver e implementar um sistema de remuneração.

As vantagens são muitas quando podemos percorrer as etapas de um processo de forma estruturada, no qual conhecemos conceitos e itens de uma política salarial desdobrando-se nos modelos de remuneração e suas melhores práticas, e também observamos a importância e a estratégia de uma remuneração total como mecanismo de atração, retenção e recompensa.

Este livro pretendeu oferecer a você uma visão integrada das etapas essenciais de um programa de remuneração, ainda que, principalmente, tenha focado teorias e concepções técnicas com demonstrações de práticas e posicionamentos do mercado de trabalho.

Não poderíamos deixar de reforçar a relevância de cada um dos itens dentro de um sistema integrado de gestão de pessoas, considerando-se direta ou indiretamente as interfaces com os demais processos e serviços, tais como: captação e seleção, gestão do desempenho e avaliação do potencial como estratégia de suprimento de talentos para o curto, médio e longo prazos de uma organização.

Temos a certeza de que o sistema de remuneração é parte integrante da gestão organizacional moderna, garantindo de forma adequada o equilíbrio entre o capital e o trabalho, entre os interesses organizacionais e as necessidades e intenções humanas e, sobretudo, um processo contínuo de conhecimento e alinhamento às práticas de mercado por meio das constantes pesquisas e de processos criteriosos de análise e consideração dos seus dados.

Referências

ASSOCIAÇÃO Brasileira de Normas Técnicas (ABNT). *NBR ISO 9000:2005*. Sistemas de gestão da qualidade: fundamentos e vocabulário. Rio de Janeiro: ABNT, 2005.

ABREU, A. P. de. Prefácio. In: CAMARA, P. B. da (Org.). *Os sistemas de recompensas e a gestão estratégica dos recursos humanos*. Lisboa: Publicações Dom Quixote, 2006. p. 13.

BARBOSA, L. *Cultura e empresas*. Rio de Janeiro: Zahar, 2002.

BARROSO, A. C. O. Algumas considerações sobre processos corporativos e outros mais. *Biblioteca Terra Forum*. Disponível em: <www.terraforum.com.br/biblioteca/Documents/libdoc00000138v002Algumas%20Consideracoes%20sobre%20Processos%20Corp.pdf>. Acesso em: 10 out. 2009.

BOHLANDER, G. W.; SNELL, S.; SHERMAN, A. *Administração de recursos humanos*. 14. ed. São Paulo: Pioneira Thomson Learning, 2005.

BOSSIDY, L.; CHARAN, R. *Execução*: a disciplina para atingir resultados. Rio de Janeiro: Elsevier, 2004.

BOYER, R.; FREYSSENET, M. O mundo que mudou a máquina: síntese dos trabalhos do Gerpisa 1993-1999. *Nexus Econômicos*, Salvador, v. 2, n. 1, p. 35-51, out. 2000.

CAMPOS, V. F. *TQC*: controle da qualidade total (no estilo japonês). Rio de Janeiro: Bloch, 1992.

CASTELLS, M. *A sociedade em rede*. 5. ed. São Paulo: Paz e Terra, 2000.

CHECKLAND, P.; SCHOLES, J. *Soft systems methodology in action*. Chichester: John Wiley & Sons, 1992.

CHESNAIS, F. *A mundialização do capital*. São Paulo: Xamã, 1996.

COSTA, A. L. M. C. A questão da produtividade. In: FLEURY, A. C. C.; VARGAS, N. *Organização do trabalho*. São Paulo: Atlas, 1987.

DAVENPORT, T. H. *Reengenharia de processos*: como inovar na empresa através da tecnologia da informação. Rio de Janeiro: Campus, 1994.

DRUCKER, P. O futuro da nova organização [The coming of the new organization, *Harvard Business Review*, jan./fev. 1988]. Trad. de Sylvia Constant Vergara. Rio de Janeiro, 1989. Mimeogr. 15 f.

DUTRA, J. S. *Competências*: conceitos e instrumentos para gestão de pessoas. São Paulo: Atlas, 2004.

DUTRA, J. S. *Gestão por competências*. São Paulo: Gente, 2001.

ESPEJO, R. et al. *Organizational transformation and learning*: a cybernetic approach to management. Chichester: John Wiley & Sons, 1996.

FAYOL, H. *Administração industrial e geral*. 10. ed. São Paulo: Atlas, 1990.

FISCHER, A. L. Um resgate conceitual e histórico dos modelos de gestão de pessoas. In: FLEURY, M. T. (Coord.). *As pessoas na organização*. São Paulo: Gente, 2002. p. 11-34.

FLANNERY, T. P. et al. *Pessoas, desempenho e salários*: as mudanças nas formas de remuneração nas empresas. São Paulo: Futura, 1997.

FLEURY, M. T. A gestão de competência e a estratégia organizacional. In: ______ (Coord.). *As pessoas na organização*. São Paulo: Gente, 2002. p. 51-61.

FUNDAÇÃO Nacional da Qualidade (FNQ). *Conceitos fundamentais da excelência em gestão*. nov. 2006. Disponível em: <www.fnq.org.br/Portals/_FNQ/Documents/ebook-ConceitosFundamentais.pdf>. Acesso em: 9 out. 2009.

GALBRAITH, J. R.; LAWLER III, E. E. *Organizando para competir no futuro*: estratégia para organizar o futuro das organizações. São Paulo: Makron, 2003.

HAMEL, G.; PRAHALAD, C. K. *Competindo pelo futuro*: estratégias inovadoras para obter o controle do seu setor e criar os mercados de amanhã. Rio de Janeiro: Campus, 1995.

HANDY, C. *Os deuses da administração*. São Paulo: Senac/Saraiva, 1994.

HAUGHTON, L. *Os vencedores são aqueles que nunca desistem*. São Paulo: Landscape, 2006.

HERRERA, W. *Missão, visão e objetivos*. Disponível em: <www.artigos.com/artigos/sociais/administracao/missao,-visao-e-objetivos-970/artigo/>. Acesso em: 10 out. 2009.

HIRATA, H.; FERREIRA, C. G.; MARX, R.; SALERMO, M. Alternativas sueca, italiana e japonesa ao paradigma fordista: elementos para uma discussão sobre o caso brasileiro. In: SEMINÁRIO INTERDISCIPLINAR SOBRE MODELOS DE ORGANIZAÇÃO INDUSTRIAL, POLÍTICA INDUSTRIAL E TRABALHO. 1991, São Paulo. *Anais*... São Paulo: FEA/USP, Abet, 1991. p. 194-229.

HRONEC, S. M. *Sinais vitais*: usando medidas de desempenho da qualidade, tempo e custos para traçar a rota para o futuro de sua empresa. São Paulo: Makron Books, 1994.

JENSEN. M. C. Why paying people to lie? *Wall Street Journal* (Eastern edition), New York, p. A32, 8, Jan. 2001.

KAPLAN, R. S.; NORTON, D. P. *A estratégia em ação*. Rio de Janeiro: Campus, 1997.

KATZ, N. Getting the most out of your team. *Harvard Business Review*, p. 22, Nov. 2002.

KOTTER, J. P. *As novas regras*. São Paulo: Makron Books, 1996.

LAWLER III, E. *Strategic pay*: aligning organizational strategies and pay systems. San Francisco: Jossey-Bass, 1990.

LUSTRI, D.; MIURA, I. K. *Gestão por competências:* uma abordagem sistêmica. In: CONGRESSO BRASILEIRO DE SISTEMAS, 1., FEA-USP, Ribeirão Preto, 2005.

MARRAS, J. P. *Administração de recursos humanos*. 3. ed. São Paulo: Futura, 2000.

______. *Administração de remuneração*. São Paulo: Thomson, 2002.

McCLELLAND. D. C. Testing for competence rather than intelligence. *American Psychologist*, [s.l.], p. 1-14, Jan. 1973.

MONTEIRO, J. M. *Gestão por processos de negócios*: um novo princípio de gestão ou uma panacéia. In: SEMEAD, 9, 2006. Disponível em: <www.ead.fea.usp.br/Semead/9semead/resultado_semead/trabalhos-PDF/1.pdf>. Acesso em: 10 out. 2009.

MONTGOMERY, C. A.; PORTER, M. E. (Orgs.). *Estratégia*: a busca da vantagem competitiva. Rio de Janeiro: Elsevier, 1998.

MOTTA, P. R. *Transformação organizacional*: a teoria e a prática de inovar. Rio de Janeiro: Qualitymark, 1997.

NAVARTE, P. *El Modelo del Sistema Viable* — MS: experiencias de su aplicación Chile. Chile: Tutorial — Universidad de Santiago de Chile, 2001.

NEWMAN, H. A. The impact of ownership structure on the structure of compensation committees. *Journal of Business Finance & Accounting*, v. 27(5), n. 6, p. 653-78, June/July 2000.

NONAKA, I.; TAKEUCHI, H. *A criação do conhecimento nas empresas*: como as empresas japonesas geram a dinâmica da inovação. Rio de Janeiro: Campus, 1997.

OLIVEIRA, D. P. R. *Estratégia empresarial*: uma abordagem empreendedora. 2. ed. São Paulo: Atlas, 1991.

______. *Estrutura organizacional*: uma abordagem para resultados e competitividade. São Paulo: Atlas, 2006.

______. *Administração de processos*: conceitos, metodologia e práticas. São Paulo: Atlas, 2007.

PONTES, B. R. *Administração de cargos e salários*. 8. ed. São Paulo: LTR, 2000.

PORTER, M. E. *Vantagem competitiva*: criando e sustentando um desempenho superior. Rio de Janeiro: Campus, 1989.

PROBST, G.; RAUB, S.; ROMHARDT, K. *Gestão do conhecimento*: os elementos construtivos do sucesso. Porto Alegre: Bookman, 2002.

ROBBINS, S. *Comportamento organizacional*. Rio de Janeiro: LTC, 1999.

ROBERTS, L. *Business process benchmarking*. New York: Academic Press, 1995.

ROSA, F. D. *Participação nos lucros ou resultados*: a grande vantagem competitiva. 3. ed. São Paulo: Atlas, 2006.

RUMMLER, G. A.; BRACHE A. P. *Melhores desempenhos das empresas:* uma abordagem prática para transformar as organizações através da reengenharia. São Paulo: Makron, 1994.

SANTOS. E. A visão de futuro no dia-a-dia das empresas. *Inova UFMG — Portal de Empreendedorismo UFMG*, 2006. Disponível em: <www.

inova.ufmg.br/portal/uploads/visao_de_futuro.pdf>. Acesso em: 12 out. 2009.

SENGE, P. 1990. *A quinta disciplina*. São Paulo: BestSeller, 1990.

SOUZA, V. L. *Gestão de desempenho*: julgamento ou diálogo? Rio de Janeiro: FGV, 2002.

______ et al. *Gestão de desempenho*. Rio de Janeiro: FGV, 2009.

TAYLOR, F. W. *Princípios de administração científica*. 8. ed. São Paulo: Atlas, 1990.

UNIVERSIDADE Estadual de Campinas (Unicamp). Diretoria Geral da Administração (DGA). *Iniciar a gestão por processo* — texto para reflexão [s.d.]. Disponível em: <www.dga.unicamp.br/Arquivos/Pdf/IniGesProTexRef.pdf>. Acesso em: 28 set. 2009.

WELCH, J.; WELCH, S. *Paixão por vencer.* Rio de Janeiro: Elsevier, 2005.

WOMACK, J. P.; JONES, D. T.; ROSS, D. *A máquina que mudou o mundo*. 13. ed. Rio de Janeiro: Campus, 1992.

WOOD Jr., T. et al. *Mudança organizacional*: aprofundando temas atuais em administração de empresas. São Paulo: Atlas, 1995.

______; PICARELLI FILHO, V. *Remuneração e carreira*. 3. ed. São Paulo: Atlas, 2004.

XAVIER, P. R.; SILVA, M. de O.; NAKAHARA, J. M. *Remuneração variável*: quando os resultados falam mais alto. São Paulo: Makron Books, 1999.

ZARIFIAN, P. *Objetivo competência*: por uma nova lógica. São Paulo: Atlas, 2001.

ZILBOVICIUS, M. *Modelos para a produção, produção de modelos*: gênese, lógica e difusão do modelo japonês de organização da produção. São Paulo: Fapesp/Annablume, 1999.

ZIMPECK, B. G. *Administração de salários*. 7. ed. São Paulo: Atlas, 1992.

Os autores

Iêda Maria Vecchioni Carvalho

Mestre em Ciências Humanas e Sociais pela UFRJ. Pós-graduada em Gestão de Recursos Humanos pela FGV. Psicóloga pela UFRJ. Professora convidada do FGV Management nos cursos Gestão de Recursos Humanos, Gestão Empresarial e Qualidade e Produtividade e do Cademp. Palestrante em congressos e seminários. Foi consultora interna da Xerox do Brasil nas áreas de recursos humanos e qualidade total.

Denise Lustri

Mestre em Administração pela FEA-USP. MBA em Marketing pela Faculdade de Economia da Fundação Armando Alvares Penteado (FEC-Faap). MBA em Controladoria e Finanças pela Fundace (FEA/USP). MBA em Recursos Humanos pela FGV. Graduada em letras pela Unesp e em administração pela Uniara. Experiência desenvolvida em empresas nacionais e multinacionais. Professora convidada do FGV Management. Professora nos

MBAs de Recursos Humanos e Administração de Organizações da FEA/USP. Ex-presidente do Comitê Estratégico de Gestão de Pessoas da Amcham/RP. Comentarista do *Jornal da Manhã* da rádio CBN Ribeirão. Tem trabalhos científicos publicados nacional e internacionalmente e artigos publicados na mídia relativos a temas de gestão de pessoas.

Jorge L. Cunha da Rocha

Mestre em gestão empresarial pelo Instituto Universitário de Lisboa (ISCTE). MBA Executivo pela Coppead/UFRJ e MBA em Desenvolvimento Organizacional pela USP. Graduado em administração pela UFRJ e bacharel em direito pela Universidade Santa Úrsula (USU). Professor convidado do FGV Management, professor do IAG Master PUC-Rio e Coppead-UFRJ. Atuou como diretor executivo em RH ao longo dos últimos anos em empresas multinacionais de grande porte. Dedica-se a atividades docentes e consultoria, com ênfase em desenvolvimento estratégico, humano e gerencial.

Maria Zélia de Almeida Souza

Mestre e graduada em administração pela Ebape/FGV. Professora convidada dos cursos do FGV Management. Consultora em planejamento, organização e recursos humanos, tendo realizado trabalhos em órgãos públicos e privados, tais como: Grupo Pena Branca, Multicanal, Integral Ltda., Grupo Lachmann, Mesbla, Fininvest, Grupo Peixoto de Castro, Comlurb, Senado Federal, Tribunal da Justiça e Secretaria do Tesouro Nacional. Coautora do livro *Gestão de recursos humanos*, publicado pelo Senai/DN, 1998.